Stempeln

Sentiments
STAMP PAD
Viel Glück

Ideen über Ideen

Stempeln

Karten, Geschenke, Wohndekor

Petra Läpple
Eva Metz

Fotos: Roland Krieg

FALKEN

INHALT

VORWORT

Sie waren der Schreck Ihrer Kunsterzieher? Kein Problem, denn mit Motivstempeln kann jeder kreativ sein, auch wenn er bisher dachte, er hätte „zwei linke Hände". Vielleicht ist das auch einer der Gründe, weshalb Stempel längst kein Geheimtip mehr sind, sondern vom kleinen Kind bis zum Opa ein jeder Spaß daran hat. Inzwischen gibt es viele (Brief)-Freundschaften unter den Stempelbegeisterten und sogar weltweit Stempelclubs. Diese rufen unter anderem die sogenannten MailArt-Projekte ins Leben, bei denen zum Beispiel Grußkarten zu bestimmten Themen angefertigt und dann untereinander ausgetauscht werden.

Stempeln können Sie allein, zu zweit oder in einer ganzen Gruppe. Sie können Ihre Wohnung verschönern, nette Geschenke zaubern oder Stempelgrüße in alle Welt hinausschicken. Und das Schöne dabei ist – Sie brauchen nicht gleich eine Unmenge von Materialien. Mit ein paar kleinen Tricks können Sie schon mit wenig Einsatz viel erreichen! Entdecken Sie die Welt des Stempelns – und vorbei sind die Zeiten, in denen Sie verzweifelt nach einer passenden Karte oder einem netten Geschenk suchten.

Es sind immer kleine Kunstwerke, die entstehen, ob niedlich oder skurril – wichtig ist nur: sie sind so wertvoll und verschieden, wie die Menschen, die sie handgestempelt haben.

Viel Spaß beim Stempeln wünschen Ihnen

Petra Läpple
Eva Metz

Einladung
ROLLAGRAPH
roller stamp system

Material
und Technik

ARBEITSMITTEL

Stempel

Allgemeines

Motivstempel gibt es inzwischen in allen erdenklichen Variationen – Sie können sie selbst herstellen oder auf dem Markt die vielfältige Auswahl genießen.

Während es früher schwierig war, an Motivstempel heranzukommen, gibt es sie inzwischen in zahlreichen Fachgeschäften, über den Versandhandel oder sogar in ganz speziellen Stempel-Läden.

Qualität

Wichtig für saubere Abdrucke ist die Qualität der Stempel. Besonders wichtig ist es, daß Sie nach Gummistempeln schauen – denn die billigere Variante aus Polymer bietet Ihnen nicht die gewünschte Abbildungsqualität.

Das Motiv sollte tief geprägt und das Gummi rundherum sauber ausgeschnitten sein. Zwischen Gummi und Holz muß eine Schaumstofflage sitzen, damit der Stempel beim Abdruck federt. So erhalten Sie ein detailgetreues exaktes Bild und vermeiden unerwünschte Ränder. Bei guten Stempeln versteht es sich außerdem von selbst, daß das Gummi so aufgeklebt ist, daß es mit dem Bild auf dem Holz exakt übereinstimmt. Apropos Holz – auch hier lassen sich deutliche Unterschiede ausmachen – es muß auf jeden Fall sauber verarbeitet,

ebenmäßig und ohne Absplitterungen sein – nur dann halten Sie einen Qualitätsstempel in den Händen.

Auswahl
Es gibt Motivstempel mit schwarzen Abbildungen oder farbigen Aufklebern auf dem Holz. Die Motivvielfalt ist dabei schier unerschöpflich und es gibt zahlreiche, ganz unterschiedliche Stilrichtungen. Entscheidend ist aber eigentlich nur, daß Ihnen Ihre Stempel gefallen und Sie so richtig Spaß beim kreativen Umgang damit haben.

Preiswert ist es, nur die Gummimotive zu kaufen, die Sie dann allerdings selbst auf ein Stück Holz kleben müssen. Außerdem gibt es Sets mit kleinen Einzelstempeln, bei denen Hartschaum als Griff dient. Diese Stempel-Sets sind entweder eine lose Zusammenstellung ansprechender Mini-Stempel oder bieten zu einem bestimmten Thema die verschiedensten Motive, mit denen sich auch nette Bildergeschichten „erzählen“ lassen.

Es gibt übrigens auch Stempel, mit denen Sie Bordüren rollen können – die sogenannten *Rollerstempel*. Diese färben Sie in einem Stempelkissen ein – der Abdruck wird dann allerdings nach einer Umdrehung schwächer. Deshalb sind auch Spezialgriffe erhältlich, in die eine Farbpatrone – ein- oder zweifarbig – eingesetzt werden kann, die dann das Rad dauerhaft mit Farbe speist, so daß „Endlosbordüren“ ohne Ansätze möglich sind.

Aufbewahrung und Pflege
Stempel sollten nie der Sonne ausgesetzt und stets mit dem Gummi nach unten aufbewahrt werden. Am besten, Sie arbeiten von Anfang an mit einem Schmierpapier, auf dem Sie nach dem Abdruck auf Ihrer Karte die restliche Farbe sozusagen „abstempeln“ können. Vor allem, wenn Sie mit dunklen Kissen umgehen oder wenn sich viel Farbe im Stempelgummi abgesetzt hat, sollten Sie zu einem Fläschchen Stempelreiniger greifen. Dieser enthält auch Pflegestoffe. Wenn Sie noch nicht viele Stempel besitzen, reicht es Ihnen vielleicht auch, mit einem Tuch und etwas Seifenwasser den Stempelgummi abzuwischen. Stoffstempel-Spezialreiniger benötigen Sie nur, wenn Sie mit den speziellen Stoffstempelfarben arbeiten.

Eigene Stempel
Sollte keiner der angebotenen Stempel Ihren Wünschen und Vorstellungen entsprechen, dann machen Sie sich doch Ihren ganz persönlichen: Plakative Stempelmotive lassen sich aus Radiergummi schnitzen **(siehe Abbildung unten)**. Sie brauchen ein Skalpell – und eine ruhige Hand:

- Zeichnen Sie sich zunächst auf Pauspapier Ihren Entwurf, drehen Sie das Papier um, und legen Sie es auf den Radiergummi.
- Fahren Sie dann die Konturen mit einem Stift nach. Sie übertragen sich auf den Radiergummi.
- Umfahren Sie nun diese Linien und schneiden Sie überschüssige Radiergummiteile weg.
- Sie können Ihre Entwürfe auch auf Moosgummi übertragen und mit der Schere ausschneiden. Den entstandenen Stempel dann auf ein Stück Holz kleben **(siehe Abbildung oben)**.

Stempelkissen

Allgemeines
Motivstempel in Hülle und Fülle – da macht sich jeder gern Gedanken, was ihm gefällt und was er braucht. Mindestens genauso wichtig ist jedoch auch die Überlegung, für welches Stempelkissen man sich entscheidet. Natürlich kann man mit jedem Bürokissen stempeln. Richtig toll wird's aber erst mit Motivstempel-Spezialkissen, egal ob einfarbig oder in Regenbogentönen.

Wir helfen Ihnen gerne durch die verwirrende Vielfalt des Angebots. Begleiten Sie uns auf unserem Weg durch den Stempelkissen-Dschungel!

Tuschekissen
Diese schnelltrocknenden Kissen auf Tuschebasis halten auf allen Papierarten, sind auswaschbar und ungiftig. Es gibt sie in allen Größen und auch ohne Randbegrenzung durch das Gehäuse, so daß der Stempelgummi mit dem Kissen betupft werden kann – egal, wie groß er ist. Tuschestempelkissen (siehe Abbildungen links) sind ideal, wenn man stempeln und die Bilder hinterher colorieren möchte.

Ebenfalls auf dem Markt sind *Regenbogenkissen* (siehe Abbildung oben rechts) in unterschiedlichen Farbkombinationen. In der Regel vermischen sich die Farben mit der Zeit in fließenden, weichen Übergängen. Sollen die Farben klar getrennt bleiben, benutzen Sie am besten ein Regenbogenkissen, bei dem die einzelnen Farben getrennt sind und erst bei Benutzung zusammengeschoben werden (siehe Abbildung Seite 11, oben links).

Kinderstempelkissen
Diese Kissen auf Wasserbasis sind ideal für Kleinkinder, da sie von Händen und Kleidung besonders leicht abwaschbar sind. Auch hier sind Einzelfarben aber auch Regenbogenkissen erhältlich.

Pigmentkissen

Zahlreiche Größen und Formen sind von diesen Kissen erhältlich. Sie enthalten keine Tusche, die fließt, sondern Pigmentkügelchen, die durch Stempeln zerdrückt werden. Sie geben dann viel Farbe ab und verhalten sich auf verschiedenen Papieren unterschiedlich. Recht schnell trocknen sie auf saugfähigem Papier, nicht geeignet sind sie für alle glänzenden, beschichteten Oberflächen (es sei denn, Sie brennen sie ein – siehe hierzu Seiten 18/19).

Pigmentkissen gibt es einfarbig oder als Regenbogenkissen, wobei hier die Farben nie zusammenlaufen. Eine Variante der mehrfarbigen Kissen erlaubt es sogar, die Einzelfarben aus dem Gehäuse herauszulösen und separat zu benutzen oder sie nach Belieben bunt zusammenzusetzen.

Pigmentkissen können übrigens auch wie ein Farbkasten genutzt werden – streifen Sie mit einem Pinsel einfach vom Rand der Kissen Farbe ab und colorieren Sie die Motive.

Eine ganz besondere Eigenschaft von Pigmentfarbe ist ihre Lichtbeständigkeit – die gestempelten Motive bleichen nicht so leicht aus.

Wichtig bei Pigmentfarbe ist es, die Stempel nicht zu fest ins Kissen zu drücken, sondern mehrfach hineinzutupfen. Wenn das Kissen beim Abdrücken „schmatzt“, haben Sie zuviel Flüssigkeit erwischt. Oftmals geht es leichter, wenn Sie den Stempel mit dem Gummi nach oben legen und mit dem Kissen betupfen.

Übrigens – da alle Pigmentkissen keine Randbegrenzung haben, spielt die Stempelgröße keine Rolle – Sie können auch einen ganz großen Stempel mit einem Mini-Pigmentkissen betupfen.

Pigmentkissen sind unerläßlich für die sogenannte Einbrenntechnik. Hierfür gibt es aber auch Spezialkissen.

Einbrennkissen

Sie sind durchsichtig oder nur leicht getönt und sehr feucht, so daß Einbrennpulver sich besonders gleichmäßig verteilt und gut haftet (siehe Seiten 18/19). Sie eignen sich allerdings nur für deckende Pulver.

Blanko-Stempelkissen

Diese Stempelkissen ohne Farbe gibt es im Fachhandel in allen Variationen, die dann mit den entsprechenden Farben getränkt und so ganz individuell gestaltet werden können.

Aufbewahrung und Pflege

Wichtig bei allen Stempelkissen ist es, sie nicht Hitze oder direkter Sonneneinstrahlung auszusetzen.

Pigmentstempelkissen können Sie verstauen, wie immer Sie möchten. Tuschkissen hingegen sollten Sie möglichst immer waagerecht legen, da sie sonst auslaufen.

Nachfüllen können Sie alle Stempelkissen. Diese Farben sind dann auch ideal zum Selbsttränken von Blanko-Stempelkissen.

Stempelfarben

Spezial-Filzstifte mit Pinsel-Spitze

Diese speziellen Stifte bieten wirklich eine Unzahl von Möglichkeiten: Sie besitzen eine dünne Spitze, mit der man fein ausmalen kann, und eine pinselartige Spitze, mit der sich ganz großflächig und aquarellartig colorieren läßt (siehe Seiten 14/15). Daneben kann man mit diesen Stiften auch das Stempelgummi direkt einfärben (siehe Seite 15) und sogar Holz bemalen.

Stoff-Stempelfarbe

Sie möchten Textilien bestempeln? Kein Problem mit Stoff-Stempelfarben. Es gibt Flaschen, mit denen man den Stempelgummi betupft – sie fixieren sich nach dem Abstempeln von selbst. Hier ist es möglich, interessante Farbkombinationen zu erzeugen, indem man den Stempel mit mehreren Flaschen hintereinander betupft und die Farben so auf dem Gummi miteinander vermischt. Es gibt aber auch Stoff-Stempelkissen, mit denen das Stempeln wirklich kinderleicht ist. Eine tolle Eigenschaft dieser Farbe ist, daß sie sich nach dem Stempeln noch einmal entfernen läßt, sofern der Stoff sofort ausgewaschen wird. Die Fixierung erfolgt erst durch rückseitiges Bügeln.

Wohndekor-Farbe

Hier handelt es sich um Spezialfarbe, mit der Sie prima Glas, Porzellan, Keramik, Holz, Stein und viele andere Materialien bestempeln und so Dekoratives für Haus und Garten zaubern können **(siehe Abbildung links** und **Seite 13 Mitte)**. Anregungen und Ideen zum Nacharbeiten finden Sie auf den Seiten 66/67. Damit sollten Sie bei der Arbeit mit Wohndekorfarbe immer beginnen:

- Füllen Sie die Farbe in ein Blanko-Stempelkissen, und lassen Sie es danach ca. 5 Minuten ruhen. Anschließend können Sie Ihre Stempel wie gewohnt hineintupfen und abdrucken.

Übrigens – auf glatten Oberflächen läßt sich die Wohndekor-Farbe sofort nach dem Stempeln wieder abwischen – ein Riesenvorteil, wenn Sie sich „verstempelt" haben.

Papier und Papierprodukte

Stempeln läßt es sich grundsätzlich auf jeder Papierart. Weiß man jedoch um die Feinheiten im Zusammenspiel von Stempeln, Stempelfarben und Papier, so erweitern sich die kreativen Möglichkeiten um ein Vielfaches.

Saugfähige Papiere, wie zum Beispiel Naturpapiere, nehmen Stempelfarbe schnell und gut auf und eignen sich hervorragend zum Colorieren – speziell mit Holzbuntstiften oder Aquarellfarben.

Glanzoberflächen hingegen erfordern manchmal etwas Übung, denn leicht kann der Stempel beim Abdruck verrutschen. Für diese kleine Hürde entschädigt Glanzpapier jedoch, wenn man mit Filzstiften coloriert. Achtung: Pigmentfarben trocknen auf Glanzoberflächen nicht von allein, deshalb immer einbrennen (siehe Seiten 18/19).

Auch für Papiere gibt es nette, kleine Accessoires: Der *Wellpapier-Macher* ist ein kleines Gerät, durch das Sie jegliche Art von Papier durchrollen können, um so Ihre eigene Wellpappe herzustellen. Und die Ecken Ihrer Karten lassen sich mit dem Eckenabrunder gleichmäßig runden.

Handhabung

Bitte achten Sie beim Abstempeln darauf, daß der Stempel gerade aufgesetzt wird, nicht hin- und herwippen.

Bei sehr großen Motiven sollten Sie den Stempel leicht aufsetzen, mit Daumen oder Handballen in der Mitte des Stempels nachdrücken und die Ränder nachfahren, damit auch wirklich das ganze Motiv abgedruckt wird.

Bordüren stempeln

Mit einem kleinen Trick und einer ruhigen Hand gelingt es Ihnen ganz leicht, Bordüren zu stempeln:

- Zeichnen Sie auf eine Holzlatte, die ungefähr so dick ist wie das Stempelholz, Striche in gleichmäßigen Abständen ein, ähnlich einem Lineal.
- Beim Abstempeln setzen Sie dann den Stempel direkt mit der Unterkante an die Latte.
- Der Stempel kann nun entlang der Markierungen vorsichtig verschoben werden, so daß die Abdrucke später gerade nebeneinander stehen **(Bild 1)**.

1

Colorieren

Wenn Farbe ins Spiel kommt, sind der Phantasie keine Grenzen gesetzt. Probieren Sie's aus!

Plakatives Ausmalen

- Stempeln Sie das Motiv mit einem Tusche-Kissen ab – am besten in einer dunklen Farbe.
- Malen Sie es nun mit Bunt- oder Filzstiften aus. Es gibt auch Spezialstifte mit pinselartiger Spitze, mit denen es sich besonders leicht großflächig ausmalen läßt **(Bild 2)**.

2

Aquarellartiges Ausmalen

- Stempeln Sie die Sonnenblume mit einem dunklen Pigmentkissen ab und brennen Sie sie in Klar ein (siehe Seiten 18/19).
- Malen Sie die Blätter mit den Spezialstiften nur am Rand aus. Dann befeuchten Sie einen Pinsel mit Wasser und „ziehen" die gemalte Farbe auf das noch weiße restliche Blatt. Sie werden sehen, es ergibt sich ein faszinierender Aquarell-Effekt mit interessanten Schattierungen **(Bild 3)**.

3

Übrigens – wenn Sie wie hier zum Colorieren Wasser einsetzen, muß immer vorher eingebrannt werden, da Tuschestempelkissen wasserlöslich sind und sonst verschmieren würden.

4

Wie beim Stempelkissen reicht auch hier die Farbe nur für ein „sattes" Bild – die weiteren Abdrucke werden heller, können aber auch wie interessante Hintergründe wirken (**Bild 5**).

Sie können allerdings ähnliche aquarellartige Schattierungen auch erreichen, indem Sie Farbe mit einem sogenannten Pinsel-Spezialstift einfach mehrmals über dergleichen Stelle auftragen.

Einfärben des Stempelgummis

Die auf Seite 14 unter der Überschrift „Plakatives Ausmalen" vorgestellten Spezialstifte mit Pinselspitze lassen sich auch hervorragend zum segmentweisen Bemalen des Stempelgummis verwenden. Hierfür eignen sich vorwiegend Stempel, die nicht allzu filigran gearbeitet sind, sondern eher große Gummiflächen bieten.

- Bemalen Sie diese Gummifläche gezielt – am schnellsten geht das mit der Breitseite der Pinselspitze.
- Stempeln Sie sie so anschließend mehrfarbig auf eine Karte oder ähnliches ab (**Bild 4**).

5

Tip:
Das Stempelgummi vor dem Bemalen mit dem Spezial-Einbrennkissen betupfen oder nach dem Einfärben kurz anhauchen – so bleiben die Farben länger feucht.

Tip:
Nehmen Sie für die Masken am besten ganz dünnes Papier – so entstehen keine Ränder.

Maskieren

Perspektivisch stempeln – oder aus eins mach' zehn? Mit Masken kein Problem!

Vervielfältigung

- Stempeln Sie einen Bären mehrmals auf ein dünnes Blatt und schneiden Sie die Abdrucke aus – dies sind nun Ihre „Masken".
- Stempeln Sie den Bären einmal auf Ihre Karte (**Bild 6**).

6

- Decken Sie ihn mit einer Maske ab, und stempeln Sie einen zweiten Bären teils auf die Karte, teils über die Maske (**Bild 7**).

7

- Durch diese Technik sieht es jetzt so aus, als säße der zweite Bär hinter dem ersten (**Bild 8**).

8

- Fahren Sie so fort und achten Sie immer darauf, daß alle Bären abgedeckt werden, die mit dem neu zu stempelnden in Berührung kommen (**Bild 9**).

9

- Das Ergebnis ist eine ganze Bande von Bären (**Bild 10**).

10

Perspektivisch stempeln

- Wählen Sie zwei Motive aus, die sich gut miteinander kombinieren lassen, zum Beispiel Heißluftballone und Wolken.
- Stempeln Sie beide Motive zunächst auf ein Schmierpapier, und schneiden Sie die Abdrucke aus. Stempeln Sie dann die Heißluftballone auf Ihre Karte **(Bild 11)**.

11

- Decken Sie die Heißluftballone mit Ihrer Maske genau ab. Die Wolken werden nun teils über die abgedeckten Ballone, teils direkt auf die Karte gestempelt.
- Wenn Sie die Maske abnehmen, sehen Sie, daß jetzt die Heißluftballone tatsächlich vor der Wolke fliegen **(Bild 12)**.

12

Sollen die Heißluftballone hingegen von einer Wolke verdeckt werden, so gehen Sie umgekehrt vor:

- Stempeln Sie die Wolken auf Ihre Karte **(Bild 13)**.

13

- Decken Sie nun die Wolken mit der bereits vorbereiteten Maske ab, und stempeln Sie die Heißluftballone darüber. Die Heißluftballone sehen jetzt so aus, als wären sie von einer Wolke verdeckt **(Bild 14)**.

14

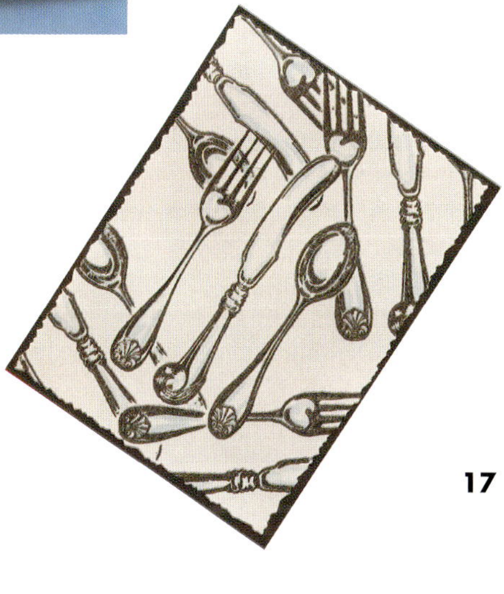

Einbrennen

Eine der beliebtesten und auch effektvollsten Techniken ist das Einbrennen von Motiven. Prinzipiell geeignet sind alle Stempel, jedoch werden Sie selbst bald feststellen, welche Motive vielleicht mit transparenten Pulvern schöner wirken als mit deckenden und umgekehrt.

Stempeln und einbrennen

Bereiten Sie sich ein Arbeitspapier vor – am besten ein DIN-A4-Blatt, das in der Mitte einmal gefalzt und wieder auseinandergelegt wird. Sie brauchen jetzt ein buntes Pigment- oder ein durchsichtiges Einbrennspezialkissen.

- Stempeln Sie ein beliebiges Motiv mehrmals auf Ihre Karte **(Bild 15)**.

15

- Streuen Sie über die feuchten Abdrucke Einbrennpulver **(Bild 16)**.

16

Tip: Wollen Sie mehrere gleichartige Karten gestalten, können Sie alle erst einmal mit Pulver bestreuen und dann direkt nacheinander erhitzen.

- Nehmen Sie ruhig reichlich Pulver, und verteilen Sie es durch Hin- und Herschütteln der Karte gleichmäßig.
- Schütteln Sie das überschüssige Pulver in den Falz des Arbeitspapiers und klopfen Sie einige Male von hinten gegen Ihre Karte **(Bild 17)**. Das

17

Pulver bleibt auf den gestempelten Motiven haften, und überschüssig haftendes Pulver können Sie auch mit einem feinen Pinsel entfernen.
- Das abgeklopfte Pulver aus dem Falz des Arbeitspapiers zurück in die Dose schütten – oder aber gleich für die nächste Karte bereithalten.
- Anschließend geht's an das Erhitzen: Es eignen sich hierfür sowohl ein Toaster als auch Kochplatte oder Bügeleisen.
- Halten Sie Ihre Karte im Abstand von ca. 10 cm so über diese Hitzequelle, daß die Rückseite erwärmt wird (also das Motiv nach oben). Dabei die Karte leicht hin- und herbewegen, damit sich die Hitze gleichmäßig verteilt.

Noch leichter wird Erhitzen mit einer Heißluftpistole. Achtung – sie sieht einem gewöhnlichen Haarfön zwar ähnlich, hat aber eine ganz andere Funktion, und mit dem Fön klappt das

Einbrennen auch nicht! Hierbei muß die Hitze nämlich von oben kommen.

- Heißluftpistole auf das Motiv halten und leicht hin- und herbewegen. Sie können zuschauen – innerhalb von ca. 20–30 Sekunden verändert sich das matte, mit Pulver bedeckte Motiv zum glänzenden, reliefartig erhobenen Bild **(Bild 18)**.

18

- Nehmen Sie die Karte, sobald alle Motive glänzen, sofort von der Hitze. Die Motive sind nun alle kupferfarben, von der Stempelfarbe ist nichts mehr zu sehen **(Bild 19)**.

19

Diese Eigenschaft des „Überdeckens" haben die meisten Einbrennpulver, es gibt allerdings auch durchsichtige Pulver, die die gestempelte Farbe nicht überdecken, so daß sich vor allem bei bunten Stempelkissen tolle Effekte ergeben **(Bild 20)**.

20

Ausmalen und einbrennen

Im Fachhandel erhältlich sind aber auch sogenannte Einbrennstifte. Sie sind durchsichtig oder bunt und enthalten die gleiche Flüssigkeit wie Pigmentfarbe, so daß das Pulver haftet und eingebrannt werden kann.

- Das Motiv schwarz abstempeln und anschließend mit klarem Pulver einbrennen. Die Zwischenräume dann sauber mit bunten Einbrennstiften colorieren.
- Das gesamte Bild nochmals mit klarem Einbrennpulver bestreuen und erhitzen. Das ganze Motiv glänzt nun lackartig **(Bild 21)**.

21

Plustern

Gestempelte Teddymotive mit einem richtigen „Pelz“ – das ist ganz leicht mit der Plustertechnik:

- Stempeln Sie das Motiv in Schwarz. Malen Sie die Konturen mit braunem Filzstift nach und colorieren Sie Schleife und Pfoten (**Bild 22**).

22

- Tragen Sie die Plusterfarbe auf. Achten Sie darauf, daß Sie die wichtigsten Konturen des Bären freilassen, etwa die Trennlinien von Rumpf und Kopf, Beinen und Armen (**Bild 23**).

23

- Erhitzen Sie das Bild rückseitig, indem Sie die Karte ungefähr in einem Abstand von 10 cm über die Wärmequelle halten. – Bereits nach wenigen Sekunden quillt die Plusterfarbe auf. Das Ergebnis ist ein Teddy mit richtigem Pelz (**Bild 24**).

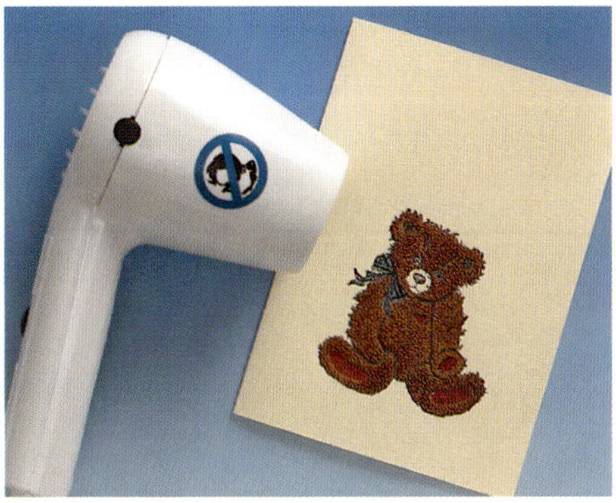

24

In dieser Technik lassen sich alle Bären und auch andere Tiere plustern, die viel Fell zeigen. Auch Bäumen steht grüne Plusterfarbe gut.

Tip:
Nach dem Auftragen der Plusterfarbe können Sie den Bären entweder sofort erhitzen, dann wirkt die Plusterfarbe blasig, oder Sie lassen ihn vor dem Erhitzen noch einige Stunden trocknen, dann quillt die Farbe ganz gleichmäßig auf und ergibt ein fast „ledriges“ Aussehen (siehe Abbildung oben).

Verschönern mit kleinen Extras

Glitzerpulver

- Bereiten Sie sich ein in der Mitte einmal gefalztes Arbeitspapier vor.
- Stempeln Sie einen Schmetterling mit einem Regenbogenstempelkissen. Setzen Sie mit einem feinen Klebestift Punkte und Striche, und fahren Sie den gesamten Rand der Karte nach. Streuen Sie großzügig Glitzer über die gesamte Karte (**Bild 25**).

25

- Klopfen Sie das überschüssige Pulver auf Ihr Arbeitspapier ab (es kann dann wieder ins Döschen zurück). Das Glitzerpulver haftet und erzeugt den funkelnden Blickfang (Bild 26).

26

Glitzerfarbenklebstoff

Dieser Klebstoff ist eine echte Alternative zum Pulver. Hierbei ist in einer Flasche bereits Klebstoff mit Glitzer vermischt.

- Einfach die Flasche schütteln und den Klebstoff auftragen – dabei die Flasche wie zum Schreiben schräghalten.
- Die Karte danach einige Minuten liegen lassen – der Klebstoff trocknet weg, der Glitzer bleibt.

Wackelaugen und Puschel

Verzieren Sie Ihren Hasen mit einem niedlichen Puschel oder lassen Sie Tiere mit den Augen rollen! So wird's gemacht:

- Motiv abstempeln.
- An der entsprechenden Stelle etwas Klebstoff auftragen und Hasenpuschel und Wackelaugen auftragen (siehe Abbildung rechts).

Arbeiten mit Folie

Diese speziellen Folien gibt es in vielen verschiedenen Farbkombinationen und sie sind ganz einfach aufzutragen:

- Stempeln Sie Ihr Motiv und colorieren Sie es eventuell in einer Grundfarbe, denn auch mit der Folie sollten nur Akzente an bestimmten Stellen des Motivs gesetzt werden (Bild 27).

27

- Fahren Sie einige Stellen des Motivs mit einem Spezialklebestift nach und lassen Sie die Arbeit einige Minuten ruhen.
- Legen Sie dann ein Stück Folie auf und fahren mit der Fingerkuppe darüber – und schon können Sie die Folie abziehen (Bild 28).

28

Tip:
Beim Umfahren der Kanten den Klebestift halb auf dem Schmierpapier laufen lassen – der Rand wird dann feiner.

Tip:
Sollte nicht überall Folie haften bleiben, einfach noch einmal Klebestift auftupfen und erneut Folie darüberlegen.

Tip:
Glitzer soll Akzente setzen – weniger ist hier oft mehr!

Locherschnipsel

Die seit einiger Zeit auf dem Markt erhältlichen Figurenstanzer (auch Locher genannt – **siehe Abbildung unten**) sind tolle „Allesverwerter“, denn sie lochen fast alles: Geschenkpapier, bunte Zettelblöcke, Natur-, Gold- und Tonpapier. Lediglich metallhaltige oder Plastikfolien sind ungeeignet.

Sie können direkt „aus der Hand“ lochen. Bei festerem Papier empfiehlt es sich jedoch, den Locher auf einen festen Untergrund zu legen und von oben zu drücken **(siehe Abbildung unten)**.

Einen netten Effekt erzielen Sie durch die Kombination von Wunder- und Jumbolochern oder Sie lochen ein kleines Herz und ein großes darüber – es fällt dann eine neue Herzform heraus **(siehe Abbildung links)**. Seien Sie nicht ungeduldig: es bedarf einiger Übung, bis das neue Herz schön gleichmäßig wird.

Neben den eben erwähnten Wunder- und Jumbolochern gibt es im Fachhandel auch Locher, die Silhouetten ausstanzen. Mit farbigem Papier hinterlegt, ergeben sie eine schöne Variante **(siehe Abbildung)**.

Schablonen und Schwämmchen

Sie können eine Vielzahl von Schablonen im Hobbyfachhandel erwerben – oder sich ohne viel Aufwand Ihre eigenen herstellen – zum Beispiel mit den eben erwähnten Wunder- und Jumbolochern. So wird's gemacht:

- Lochen Sie eine große und eine kleine Sonne aus dünnem Papier **(Bild 29)**.

29

- Legen Sie dieses Papier auf eine Grußkarte.
- Tupfen Sie dann mit einem Schwämmchen in ein Stempelkissen und danach über Ihre Schablone.
- Verschieben Sie die Schablone nun mehrmals und betupfen Sie sie anschließend in verschiedenen Farben **(Bild 30)**.

30

Sie können auch mit Zierscheren Schablonen herstellen:

- Schneiden Sie sich zwei Streifen mit unterschiedlichen Rändern. Tupfen Sie dazwischen blaue Farbe **(Bild 31)**.
- Wiederholen Sie diesen Vorgang mit verschiedenen Papierstreifen und unterschiedlichen Farben **(Bild 32)**.

31

32

Mit Schwämmchen läßt sich jedoch nicht nur ganz gut schablonieren, sondern auch Hintergründe und Muster herstellen. Sie können zunächst einen gewöhnlichen Haushaltsschwamm benutzen – im Fachhandel gibt es aber auch Spezialschwämmchen in runder oder eckiger Form, die wesentlich feinporiger sind.

Die runden Schwämmchen eignen sich eher für feine und gleichmäßige Hintergründe.

Mit einer eckigen Schwämmchenform können Sie durch vielfaches Übereinandertupfen ein interessantes Muster zaubern **(siehe Abbildung rechts)**. Wollen Sie mit diesem Schwämmchen einen gleichmäßigen Hintergrund erzielen **(siehe Abbildung unten)**, so sollten Sie alle Kanten mit den Fingern wegdrücken.

Tip:
Am besten erst einmal auf einem Schmierpapier herumprobieren – vor allem der gleichmäßige Hintergrund bedarf einiger Übung! Im übrigen geht es mit weniger Farbe meistens besser – also nur zart ins Stempelkissen tupfen!

Gute Besserung
Menu
Sentiments
STAMP PAD
Sophi
20. Januar

Karten
für viele Gelegenheiten

Blumengrüße

Blumen sagen oft mehr als Worte – hier finden Sie Gestaltungsvorschläge für florale Geburtstagsgrüße, die von Herzen kommen.

DAS BRAUCHEN SIE:

Für alle Karten
- Regenbogen-Pigmentkissen, pastellfarben
- Einbrennpulver, gold
- Einbrennstift, durchsichtig
- Filzstifte
- Pinsel

„Viel Glück"-Karte
- Tulpen-Stempel
- „Viel Glück"-Stempel
- Tonpapier, weiß
- Japanpapier, grün
- Doppelkarte
- Schleifenband, rosa
- Schere „Büttenrand"

Karte „Rosenstrauß"
- Rosenstrauß-Stempel
- Naturpapier, hell
- Passepartout-Karte
- feines Schleifenband, brombeerfarben

Karte „Magnolie"
- Magnolienblüte-Stempel
- Papier, roséfarben
- Naturkarte
- Doppelkarte

Anleitung

„Viel Glück"-Karte
- Doppelkarte mit Japanpapier bekleben. „Viel Glück" auf Tonpapier stempeln und viereckig ausschneiden. Untere Kante mit Büttenschere abschneiden und kompletten Rand mit Einbrennstift einbrennen (siehe Technikteil Seiten 18/19).
- Tulpen auf restliches Tonpapier stempeln und einbrennen. Mit Pigmentkissen aquarellartig colorieren (siehe Technikteil Seite 15) und den Strauß rundherum ausschneiden.
- Schleifenband auf vorbereitetes viereckiges Tonpapier legen und Strauß darüber kleben.
- Die Enden des Bandes auf der Rückseite des Tonpapiers mit Klebeband fixieren. Das ganze Arrangement auf die vorbereitete Doppelkarte kleben.

Karte „Rosenstrauß"
- Passepartout-Rand der Doppelkarte mit Einbrennstift nachziehen und einbrennen.
- Helles Naturpapier mit Rosenstrauß bestempeln, einbrennen und mit dem Pigmentkissen aquarellartig colorieren.
- Naturpapier in die Doppelkarte einkleben, Schleifenband rundherum führen und zur Schleife binden.

Tip:
Wenn ein Passepartout-Ausschnitt umrandet wird, die Karte aufklappen und flachlegen oder ins Innere der Karte als Schutz ein Schmierpapier einschieben.

Karte „Magnolie"
- Motiv stempeln und einbrennen. Magnolie mit dem Pigmentkissen aquarellartig colorieren und trocknen lassen.
- Kartenrückseite mit Wasser befeuchten und mit dem Holzstiel des Pinsels das Innere der Blüten nach außen drücken. Wichtig ist dabei, daß man mit dem Stiel vorsichtig und lieber einmal mehr, als zu stark hinten auf der Karte entlangstreicht, damit das Papier auf keinen Fall reißt.
- Die Karte trocknen lassen – die Magnolie wirkt wie gerade aufgegangen.
- Rand mit Einbrennstift umfahren und einbrennen.
- Roséfarbenes Papier auf die Naturkarte kleben und die Magnolie darüber.

MAGNOLIA
Magnoliaceae
Viel Glück
Viel Glück

50
gemeinsame Jahre
Wir heiraten

Hochzeiten

Ob grüne, silberne oder goldene Hochzeit – mit Stempeln kann man feiern und natürlich auch ganz individuell gratulieren.

Anleitung

Karte mit Tauben

- Tauben auf Naturpapier stempeln und einbrennen (siehe Technikteil Seiten 18/19) und Papier rundherum einreißen.
- Auf die Doppelkarte Japanpapier und darüber die Tauben kleben.
- Die Kanten mit der Zierschere abschneiden, mit Filzstift nachfahren und in die linke, obere Ecke mit dem Skalpell einen kleinen Schlitz ritzen.
- Die Ringe mit den Tauben auf das dünne Seidenband fädeln und verknoten.
- Breites Band zur Schleife legen, mit Seidenband zusammenbinden, dessen Enden durch den Schlitz nach innen in die Karte schieben und dort festkleben.

Karte „Wir heiraten"

- Türkisfarbenes Tonpapier mit Initialen bestempeln und einbrennen.
- Mit der Zierschere zu zwei Vierecken schneiden und auf die Doppelkarte kleben.
- Ränder mit Glitzer verzieren (siehe Technikteil Seite 20).
- Papierstreifen mit der Zierschere zurechtschneiden, mit Einbrennstift in Lila „Wir heiraten" schreiben und mit pinkfarbenem Einbrennstift nachmalen.
- Schriftzug mit klarem Pulver einbrennen.
- Mit dem Skalpell auf der Karte unten rechts und links schmale Schlitze einritzen.
- Tüllreste mit Kringelband zu kleinen Schleifen zusammenbinden.
- Kringelband jeweils durch die Schlitze auf der Doppelkarte ziehen und rückseitig festkleben.

Karte „Goldene Hochzeit"

- Bären auf Naturpapier schwarz stempeln, mit klarem Pulver einbrennen und exakt ausschneiden.
- Mit Lackstift ausmalen.
- Die Zahl „50" mit Einbrennstift auf die Kartenvorderseite schreiben und in Gold einbrennen.
- Seidenpapier leicht zusammenknüllen und auf die Karte kleben.
- Die Bären zum Schluß mit wattierten Klebepads auf dem Seidenpapier befestigen.

DAS BRAUCHEN SIE:

Karte mit Tauben und Karte „Wir heiraten"

- Einbrennkissen
- Einbrennpulver, weiß
- Schere „Büttenrand"
- Doppelkarte
- Skalpell

Karte mit Tauben

- Stempel „Tauben"
- Filzstift in Orange
- Naturpapier, apricot
- Japanpapier, weiß
- 2 Schleifenbänder
- Zierringe mit Tauben

Karte „Wir heiraten"

- 2 Initialen-Stempel
- Einbrennstifte in Pink und Lila
- Einbrennpulver, klar
- Klebestift
- Glitzerpulver, kristall
- Tonpapier und Tüll in Türkis und Pink
- Kringelband

Karte „Goldene Hochzeit"

- 2 Stempel als Bärenpaar
- Pigmentkissen, schwarz
- Einbrennpulver, klar und gold
- Einbrennstift
- Lackstift, gold
- Seidenpapier, gold
- Doppelkarte
- Naturpapier
- wattierte Klebepads

Sophie
20. Januar '97
29. NOVEMBER 1996
FLORIAN
Moritz

Freudige Ereignisse

wollen verkündet sein und laden Freunde und Verwandte ganz herzlich ein zum Mitfeiern zu Ehren des neuen Erdenbürgers.

Anleitung

Karte „Sophie“

- Tonpapiere und Naturpapier zu Vierecken schneiden und auf die Doppelkarte kleben. Storch auf weißes Papier stempeln, einbrennen (siehe Technikteil Seiten 18/19) und colorieren.
- Exakt ausschneiden und mit wattierten Pads ebenfalls erhöht auf die Doppelkarte kleben. Linke obere Kartenecke unter der Schwinge des Storchs schräg abschneiden und in Türkis hinterlegen.

Karte „Florian“

- Elfe auf weißes Papier stempeln, einbrennen und colorieren. Exakt ausschneiden und erhöht aufkleben.
- Bunte Blumen lochen und so neben die Hand der Elfe kleben, als wenn sie die Blumen „ausgeschüttet“ hätte.
- Weitere Motive auslochen, als zweiten Schweif auf die Karte kleben und Glitzerpunkte zwischen die Locherschnipsel setzen (siehe Technikteil Seite 20).

Karte „Moritz“

- Dunkelblaues Papier auf die rechte Innenseite der Karte kleben. Das Motiv in verschiedenen Farbkombinationen dreimal nebeneinander auf die Vorderseite der Doppelkarte stempeln.
- Die Karte oben und unten einschneiden und die Kanten mit der Briefmarkenschere verzieren. Entlang dieser Kanten Glitzer aufbringen.
- Zwei Streifen aus hell- und dunkelblauem Tonpapier schneiden und auf die Vorderseite kleben.
- Die vier Ecken des Streifens sowie rechts und links davon die Karte mit Glitzer verzieren.

DAS BRAUCHEN SIE:

Karte „Sophie“ und Karte „Florian“

- Pigmentkissen, schwarz
- Einbrennpulver, klar
- Bunt- und Filzstifte
- Tonpapier in verschiedenen Farben
- weißes Papier
- wattierte Klebepads

Karte „Sophie“

- Storchen-Stempel
- Naturpapier
- Doppelkarte

Karte „Florian“

- Elfen-Stempel
- Wunderlocher (Blume und andere Motive)
- Doppelkarte
- Klebestift
- Glitzerpulver, kristall

Karte „Moritz“

- Kinderwagen-Stempel
- 2 Regenbogenkissen
- Schere „Briefmarkenrand“
- Klebestift
- Glitzerpulver, kristall
- Tonpapier, hell- und dunkelblau
- Doppelkarte

Taufe

Ein schöner Tag für Sie und Ihre Lieben! Eine wunderbare Einstimmung auf dieses Ereignis sind die hier gezeigten Karten.

DAS BRAUCHEN SIE:

Schwanenkarte
- Schwan-Stempel
- Pigmentkissen, schwarz
- Einbrennpulver, klar
- Tusche-Stempelkissen, hellblau
- Filzstifte
- Schwämmchen
- Japanpapier, blau
- Tonpapier, weiß
- dünnes Papier
- Doppelkarte
- Schere „Büttenrand" und „Welle"

Karte „Zur Taufe"
- Stempel mit Menschen
- Pigmentkissen
- Einbrennstift, violett
- Einbrennpulver in Silber, Klar und Silberperle
- Doppelkarte
- Naturpapier
- Skalpell
- Schere „Zackenblitze"

Lilienkarte
- Stempel „Fleur-de-Lis"
- Pigmentkissen
- Einbrennpulver, silber
- Doppelkarte
- Restpapier in Weinrot, Creme und Blau
- Silberquaste

Anleitung

Schwanenkarte

- Motiv mit dem Pigmentkissen auf Tonpapier stempeln, einbrennen und colorieren (siehe Technikteil Seiten 14/15 und 18/19).
- Schwämmchen hellblau einfärben und Tonpapier oberhalb und neben dem Motiv betupfen (siehe Technikteil Seiten 22/23).
- Das Motiv noch einmal auf dünnes Papier stempeln und exakt ausschneiden. Zunächst deckungsgleich auf das colorierte Motiv legen, dann aber nach unten „klappen" und jetzt auch den unteren Teil des Papiers betupfen.
- Dünnes Papier abnehmen und den entstandenen „Schatten" noch ganz leicht nachtupfen, damit er nicht hart weiß erscheint.
- Mit hellblauem Stift „Wellen" auf dem gesamten Papier andeuten. Tonpapier mit der Büttenschere ausschneiden, und den Rand in Dunkelblau nachmalen.
- Die Doppelkarte rundherum mit der Wellenschere verzieren, Japanpapier aufkleben und darüber schräg das Tonpapier mit dem Schwan.

Karte „Zur Taufe"

- Das Motiv links und rechts auf der Doppelkarte abstempeln und in Silber einbrennen.
- Die seitlichen Kanten mit der Zierschere schneiden, mit Einbrennstift umfahren und mit Silberperle-Einbrennpulver schillernd einbrennen.
- Auf das Naturpapier mit dem Einbrennstift „Einladung zur Taufe" schreiben und das Wort „Taufe" mit klarem Pulver einbrennen. Papierrand mit der Zierschere zurechtschneiden, mit dem Einbrennstift umfahren und mit Einbrennpulver „Silberperle" einbrennen.
- Mit dem Skalpell zwei kleine Schlitze in die Doppelkarte einritzen und das Naturpapier in die Karte einsetzen.

Lilienkarte

- Das weinrote und cremefarbene Papier jeweils zu gleich großen, das blaue zu einem etwas größeren Viereck schneiden. Lilie einmal in jede Ecke und einmal in die Mitte des burgunderroten Papiers stempeln und einbrennen.
- Mit einem Bleistift feine Linien zeichnen, die das Papier in drei Querstreifen teilen und diese ausschneiden. Das cremefarbene Papier in drei gleichgroße Streifen schneiden.
- Das cremefarbene und das burgunderrote Papier so miteinander verflechten, daß die gestempelten Motive sichtbar sind.
- Alles auf das blaue Papier kleben. Die Silberquaste direkt auf die Doppelkarte aufbringen und das blaue Papier darüber fixieren.

EINLADUNG
ZUR
TAUFE

Konfirmation – Kommunion

Mit Stempeln können Sie auch zu diesen feierlichen Anlässen mit ganz individuellen Karten viel Freude bereiten.

DAS BRAUCHEN SIE:

Karte mit Herz und Karte mit Fenster
- Pigmentkissen, rot
- Einbrennpulver, klar
- Tonpapier, blau

Karte mit Herz
- Herz-Stempel
- Stempel „Einladung"
- Pigmentkissen, blau
- Einbrennpulver, weiß und klar
- Tonpapier, weiß
- rotes Kringelband
- wattierte Klebepads
- Skalpell

Karte mit Fenster
- Tiffany-Fenster-Stempel
- Einbrennstift, blau
- Einbrennpulver, silber
- Japanpapier, weiß, blau und rot
- Tonpapier, dunkelblau
- Doppelkarte

Tulpenkarte
- Tulpen-Stempel
- Stempel „Schmetterling"
- Spezial-Filzstifte
- Klebestift
- Glitzerpulver
- Doppelkarte
- Tonpapier, weiß
- wattierte Klebepads

Anleitung

Karte mit Herz
- Zunächst wird die Doppelkarte zum Aufstellen gebastelt: Tonpapier in den Maßen 30x10 cm zurechtschneiden. Genau in die Mitte mit dem Skalpell vorsichtig eine Linie ritzen, ebenso jeweils 4 cm vom oberen und unteren Rand. Auf einer Hälfte mit Bleistift ein Viereck einzeichnen und mit dem Skalpell komplett herauslösen, so daß der Passepartout-Ausschnitt entsteht.
- Auf die andere Hälfte der Karte blaues Tonpapier kleben. Karte umdrehen. Das Wort „Einladung" mehrfach quer über die Seite mit dem Ausschnitt stempeln und in Weiß einbrennen (siehe Technikteil Seiten 18/19).
- Tonpapier in der Mitte falzen, die beiden kleinen Stücke oben und unten ebenfalls einknicken und zusammenkleben.
- Herz in Blau und Rot auf restliches Tonpapier stempeln und jeweils klar einbrennen. Exakt ausschneiden und blaues Herz mit wattiertem Pad außen auf die Karte kleben.
- Auf der Rückseite des roten Herzens etwas Kringelband befestigen, seitlich in die Karte schieben und oben festkleben.

Karte mit Fenster
- Auf die Doppelkarte die Japanpapiere kleben. Motiv auf Tonpapier stempeln, in Silber einbrennen, ausschneiden und ebenfalls auf die Karte kleben.
- Mit Einbrennstift oben auf die Karte „Zur Konfirmation" schreiben und klar einbrennen.

Tip:
Japanpapier läßt sich besonders leicht reißen, wenn man es vorher etwas befeuchtet.

Tulpenkarte
- Gummi des Tulpen-Stempels mit den Stiften in Grün, Rot und Orange bemalen (siehe Technikteil Seite 15). Das Motiv auf die Doppelkarte stempeln und Vorgang mehrmals wiederholen, dabei zum Teil über die Karte hinaus aufs Arbeitspapier stempeln.
- Tulpen nochmals auf Tonpapier stempeln, ausschneiden und mit Pads auf die Doppelkarte kleben.
- Schmetterlinge dreimal mit Stiften in Gelb, Rot und Orange einfärben und stempeln.
- Um sie in Bewegung abbilden zu können, hinteren Teil des Stempels noch einige Male abstempeln, ohne ihn vorher nochmals einzufärben.
- Mit Glitzer die Tulpenköpfe und Schmetterlinge verzieren (siehe Technikteil Seiten 20/21).

Zur
Konfirmation
Einladung

Geburtstag

Hier können Sie ganz herzliche und vor allem blumige Glückwünsche mit persönlicher Note verschicken. Für alle Geburtstagskinder, die es edel mögen!

Anleitung

Vorbereitung

Für alle Grußkarten, bei denen ein Passepartout-Ausschnitt geschnitten werden muß, eine feste Unterlage wählen, z.B. alte Zeitungen. Gewünschten Ausschnitt immer erst mit Bleistift vorzeichnen – eventuell sichtbare Linien können später leicht entfernt werden.

Karte mit Nymphe

- Nyphenmotiv auf helles Naturpapier stempeln, einbrennen (siehe Technikteil Seiten 18/19) und rundherum viereckige Rahmen zeichnen.
- Die Doppelkarte flach auslegen. Das bestempelte helle Papier über die eine Seite legen und mit dem Skalpell die Bleistiftlinien fest nachfahren, so daß sowohl das helle Papier als auch die Karte einen Passepartout-Ausschnitt erhalten.
- Das herausfallende Nymphenmotiv genauer ausschneiden. Auf den entstandenen Rahmen die Efeuranken stempeln und am oberen linken Rand drei Skalpellschlitze ritzen, durch die das Goldband gezogen wird.
- Den Rahmen auf die Karte legen, an der Seite etwas einreißen und festkleben. Nymphe mit wattierten Pads erhöht in den Passepartout-Ausschnitt kleben.

Karte mit Rose

- Motiv auf das Naturpapier stempeln, einbrennen, colorieren und viereckig ausschneiden. Papierrand mit Einbrennstift umfahren und einbrennen.
- Das Motiv zweimal auf das Japanpapier abstempeln und ebenfalls einbrennen.
- Japanpapier auf die Doppelkarte kleben und darüber Naturpapier befestigen. Mit Schleifenband und Goldkordel verzieren.

Karte mit Magnolien

- Das Motiv dreimal untereinander auf das Reststück des Naturpapiers stempeln, einbrennen und mit Spezial-Filzstiften aquarellartig colorieren. Entlang der Blüten einen schmalen Streifen schneiden. Die eine Seite einreißen, mit dem Einbrennstift dick nachfahren und ebenfalls einbrennen.
- Ein Stück Goldpapier links und etwas Goldband rechts auf die Doppelkarte legen und darüber den Streifen mit den Magnolienblüten kleben.

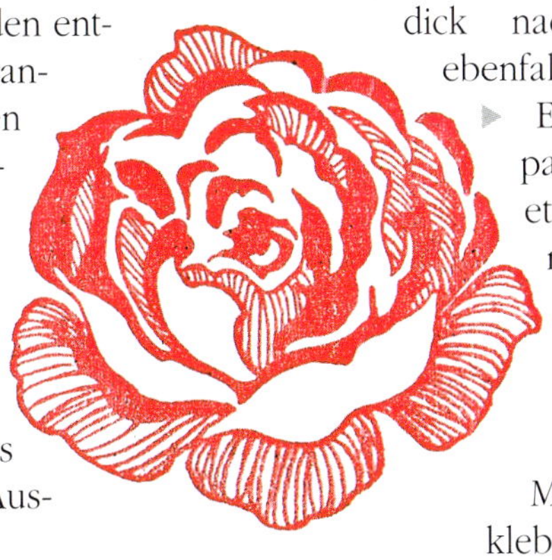

DAS BRAUCHEN SIE:

Für alle Karten
- Pigmentkissen, grün
- Naturpapier
- Doppelkarten

Karte mit Nymphe
- Stempel mit Nymphe
- Stempel „Efeu“
- Einbrennpulver „Grünspan“
- Schleifenband, gold
- wattierte Klebepads
- Bleistift
- Skalpell

Karte mit Rose
- Stempel mit Rose
- Einbrennstift
- Einbrennpulver, gold
- Filzstifte
- Japanpapier, weinrot
- Schleifenband, hell
- dünne Goldkordel

Karte mit Magnolien
- Stempel „Magnolie“
- Einbrennstift
- Einbrennpulver, gold
- Spezial-Filzstifte
- Papier, hell
- Reste Goldpapier
- Schleifenband, gold

Frühlingserwachen

Stempeln Sie sich bunte Farben ins Haus, gerade so, wie die Natur jetzt Farbkleckse malt. Die hier vorgestellten Karten können Sie für Ostergrüße oder als Einladung zu einem Frühjlingsfest verwenden.

DAS BRAUCHEN SIE:

Karte mit Blumenranke und Osterkarte

- Pigmentkissen
- Einbrennpulver, gold
- Tonpapier, bunt und weiß

Karte mit Blumenranke

- Rollerstempel „Blumenranke"
- Einbauhandgriff
- Einbaupatrone
- Stempel „Einladung"
- Tusche-Stempelkissen, schwarz
- Einbrennstift
- Buntstifte
- Skalpell
- Doppelkarte

Osterkarte

- Stempel „Osterei"
- Tusche-Regenbogenkissen, grün/blau
- Filzstift, grün
- Schwämmchen
- wattierte Klebepads
- Doppelkarte
- Schere „Büttenrand"

Karte mit Schmetterlingen

- Stempel „Blumenmotiv"
- Tusche-Stempelkissen, schwarz
- Buntstifte
- Silhouetten-Locher, „Schmetterling"
- Restpapier, grün
- Doppelkarte

Anleitung

Karte mit Blumenranke

- Ein Schmierpapier auslegen. Auf weißes Tonpapier mit der Blumenranke ein Viereck rollen, dabei schon auf dem Schmierpapier beginnen. Plakativ colorieren (siehe Technikteil Seite 14).
- Das weiße Innere mit dem Skalpell herauslösen und den entstandenen Rahmen auf die Doppelkarte kleben. Mit Pigmentkissen ins Innere des Rahmens „Einladung" stempeln, mit dem Einbrennstift Linien ziehen und alles einbrennen (siehe Technikteil Seiten 18/19).

Osterkarte

- Osterei auf verschiedenfarbige Tonpapiere stempeln, einbrennen und ausschneiden.
- Die Doppelkarte mit Schwämmchen in Grün und Blau betupfen, Kanten rechts und links mit der Zierschere schneiden und den Rand mit Filzstift umfahren.
- Die Eier bunt gemischt übereinanderkleben. Oben rechts ein Ei mit den Pads erhöht aufkleben und über den Rand der Karte ragen lassen.

Tip:
Bitte beachten Sie, daß Sie bei über den Kartenrand hinausragenden Motiven einen größeren Umschlag zum Verschicken benötigen.

Karte mit Schmetterlingen

- Die Doppelkarte genau in der Mitte mit dem Silhouetten-Locher lochen und mit grünem Papier hinterlegen.
- Zwei grüne Dreiecke ausschneiden, lochen und unten rechts und links auf die Doppelkarte kleben.
- Das Blumenmotiv dreimal darüber stempeln und colorieren.

Einladung

Menu
Menu
CHILI PEPPERS
CAPSICUM
CAPSICUM
CHILI PEPPERS

Einladung zum Essen

Das Auge ißt bekanntlich mit – und hier machen schon die Einladungskarten Appetit auf ein festliches Essen zu zweit, zu dritt…

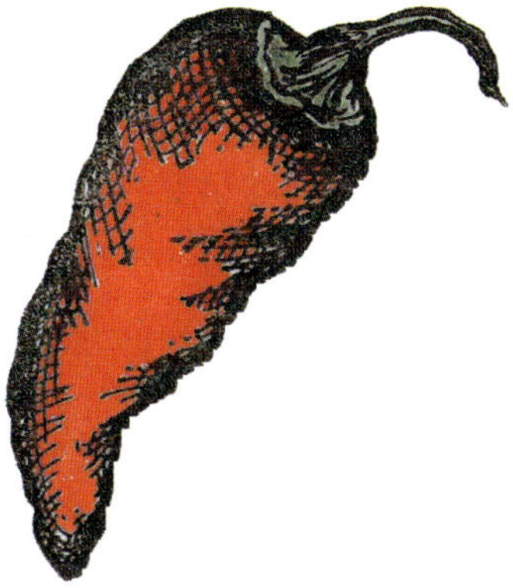

Anleitung

Peperoni-Karte

- Kleines Peperoni-Motiv auf die ganze Doppelkarte mehrfach in Rot stempeln und einbrennen (siehe Technikteil Seiten 18/19).
- Quadratisches Motiv in Schwarz auf das Naturpapier stempeln, einbrennen, colorieren und anschließend ausschneiden.
- Restliches Naturpapier durch einen Wellpapier-Macher rollen (siehe Technikteil Seite 13) oder fertige Wellpappe verwenden und zum Viereck schneiden.
- Schwarzes Papier etwas größer als die Wellpappe zu einem Viereck schneiden und dieses mit den zwei anderen Vierecken übereinander auf die Doppelkarte kleben.
- Den Umschlag aufklappen, die Peperonis in Schwarz über die ganze Fläche stempeln, einbrennen und colorieren.

Tischkärtchen

- Die Motive „Geschirr“ und „Menu“ auf die Doppelkarte stempeln, das Geschirr klar, „Menu“ in Gold einbrennen, die Rosenknospe mit Filzstiften colorieren.
- Auf dem champagnerfarbenen Papier das Geschirr noch einmal abstempeln und klar einbrennen.
- Exakt ausschneiden und mit wattierten Pads genau über das Motiv auf die Doppelkarte kleben.

Karte mit Besteck

- Motiv „Besteck“ auf dünnes Papier stempeln und Besteckteile einzeln und exakt ausschneiden – das sind die „Masken“.
- Das erste Besteckmotiv in die Mitte des weißen Tonpapiers stempeln und einbrennen.
- Restliche Bestecke in der Maskentechnik (siehe Technikteil Seite 16) rundherum stempeln (auch über den Rand des Tonpapiers hinaus) und jeweils einbrennen.
- Mit hellblauem Stift an den Rändern leicht colorieren.
- Papier mit der Zierschere zum Viereck schneiden und zusammen mit schwarzem Tonpapier auf die Doppelkarte kleben.

Tip:
Helle Motive erhalten einen zusätzlichen 3-D-Effekt, wenn man an den Rändern mit heller Farbe coloriert, wie zum Beispiel am Teller- oder Besteckrand.

DAS BRAUCHEN SIE:

Für alle Karten
- Pigmentkissen, schwarz
- Einbrennpulver, klar
- Filzstifte, rot und hellblau
- Doppelkarten

Peperoni-Karte
- zwei Peperoni-Stempel, klein und groß
- Peperoni-Stempel, quadratisch
- Pigmentkissen, rot
- Naturpapier
- Papier, schwarz
- evtl. Wellpapier-Macher

Tischkärtchen
- Stempel „Geschirr“ und „Menu“
- Einbrennpulver, gold
- champagnerfarbenes Papier
- wattierte Klebepads

Karte mit Besteck
- Stempel „Besteck“
- Schere „Büttenrand“
- Tonpapier, weiß und schwarz
- dünnes Papier

Einladung
Gute Besserung

Bärenparade

Hier finden Sie bärige Stempelvorschläge für viele Gelegenheiten ... da schlagen nicht nur Kinderherzen höher!

Anleitung

Karte „Gute Besserung“

- Das Bärenmädchen mit dem Pigmentkissen auf Naturpapier stempeln, in Klar einbrennen (siehe Technikteil Seiten 14/15) und colorieren. Rundherum mit der Zierschere ausschneiden und mit dem Schwämmchen in Grün betupfen.
- Bärenstempel im Regenbogenkissen bunt einfärben.
- Die ersten Abdrucke zunächst auf ein Arbeitspapier stempeln. Erst, wenn der Abdruck schwächer geworden ist und pastellfarben wirkt, auf eine Naturkarte stempeln (bunt durch- und übereinander ergibt den besten Effekt).
- Rotes Papier als Viereck zurechtschneiden und zusammen mit dem Bärenmotiv auf die bestempelte Naturkarte kleben.
- Die vier Ecken abrunden, Karte komplett mit Rotstift umfahren und schräg auf die Doppelkarte kleben.
- „Gute Besserung“ in Schwarz daneben stempeln und mit Holographic einbrennen.

Einladungskarte

- Das Wort „Einladung“ auf die Doppelkarte links unten in Schwarz abstempeln und mit dem Holographic-Pulver einbrennen.
- Die Bärenmotive auf weißes Tonpapier stempeln, in Klar einbrennen, colorieren und exakt ausschneiden.
- Bunte Vierecke aus dem restlichen Tonpapier schneiden, diese links und rechts unten quer übereinander auf die Doppelkarte kleben und die Bären darüber.

Tip:
Holographic-Einbrennpulver verblüfft durch besonders bunte Farbspiele. Das Motiv ausnahmsweise nicht von der Hitze nehmen, sobald es glänzt, sondern weiter erhitzen – die Farben verändern sich ständig!

DAS BRAUCHEN SIE:

Für beide Karten
- Pigmentkissen, schwarz
- Filzstifte
- Einbrennpulver, holographic und klar
- Tonpapier, rot
- Doppelkarten

Karte „Gute Besserung“
- Stempel „Gute Besserung“
- Bärenstempel
- Tusche-Regenbogenkissen, grün/lila/orange
- Papier, natur
- Schwämmchen
- Zierrandschere „Büttenrand“
- Eckenabrunder

Einladungskarte
- 2 Bärenstempel
- Stempel „Einladung“
- Tonpapier, weiß, türkis, blau und schwarz

Wenn die Blätter fallen

Zaubern Sie sich, wenn die Tage kürzer werden, zu Hause kleine Kunstwerke, in denen sich die Farben des Herbstwaldes widerspiegeln. Mit diesen dekorativen Karten könnten Sie zum Beispiel zu einem herbstlichen Brunch einladen.

DAS BRAUCHEN SIE:

Für beide Karten
- Pigmentkissen, auberginefarben
- Doppelkarten
- Golddraht

Karte mit Ahornblättern
- Stempel mit Blattmotiv
- Einbrennstift
- Einbrennpulver, gold, silberperle und klar
- Goldpapier
- Tonpapier, auberginefarben

Karte mit Espenblättern
- Stempel mit Blattmotiv
- Einbrennpulver, ocker, grünspan, rostfarben
- Japanpapier, grün, weinrot
- kleinen Holzzweig

Anleitung

Karte mit Ahornblättern
- Für die dunklen Blätter eine kleine Menge Einbrennpulver in Gold und Klar zu gleichen Teilen auf einem Stück Papier vermischen.
- Das Ahornblatt dreimal auf das Tonpapier stempeln (auch über den Rand hinaus) und mit der Pulvermischung einbrennen (siehe Technikteil Seiten 18/19).
- Für die hellen Blätter Einbrennpulver in Gold und Silberperle miteinander vermischen.
- Nochmals drei Ahornblätter auf das Tonpapier stempeln und einbrennen.
- Untere Kante mit Einbrennstift nachfahren und in Gold einbrennen.
- Auf die Doppelkarte Goldpapier und darüber das Tonpapier kleben.

Karte mit Espenblättern
- Die Doppelkarte zunächst mit den beiden Japanpapieren bekleben.
- Blätter abstempeln und einzelne Teile mit den verschiedenen Einbrennpulvern bestreuen: am besten alle Pulver auftragen und Karte dann leicht hin- und herschütteln, so daß fließende Übergänge entstehen.
- Die Motive einbrennen und zum Schluß einen kleinen Holzzweig in der Mitte mit Golddraht umwickeln und aufkleben.

Himmlisches

Goldene Putten und andere Engelswesen überbringen hier himmlische Grüße – und das nicht nur zur Weihnachtszeit!

Anleitung

Karte mit Harfen-Engel

- Motiv auf Naturpapier stempeln, einbrennen (siehe Technikteil Seiten 18/19) und exakt ausschneiden.
- Das Kupferband oben und unten etwas einreißen und in die Mitte der Naturkarte kleben.
- Putte darüber kleben und Zierherz aufbringen.
- Zum Schluß zwei Streifen Goldband einpassen.

Bunte Karte mit Harfen-Engel

- Asymmetrische Vierecke aus rotem und grünem Papier schneiden und auf die Doppelkarte kleben.
- Den Engel auf Naturpapier stempeln, mit klarem Pulver einbrennen, exakt ausschneiden und auf Goldpapier kleben.
- Kopf und Rumpf des Harfen-Engels als kleines Quadrat ausschneiden, und diesen Teil leicht mit einem Schwämmchen in Gold betupfen (siehe Technikteil Seiten 22/23).
- Den Engel mittig auf die Doppelkarte kleben, schwarzes Band als Schleife über das Goldband legen und beides darunterkleben.

Tischkarte mit Engel

- Weißes und goldenes Tonpapier in kleinen Vierecken auf die vorbereitete Tischkarte aus Naturpapier kleben.
- Drei dünne Streifen aus Goldpapier ausschneiden und ebenfalls aufkleben (siehe Foto).
- Den Engel auf blaues Tonpapier stempeln, einbrennen und dieses als Viereck ausschneiden.
- Das Zierherz am Golddraht befestigen, diesen dann quer auf die Karte legen und zum Schluß das blaue Tonpapier darüber kleben.

DAS BRAUCHEN SIE:

Beide Karten mit Harfen-Engel
- Putten-Stempel
- Pigmentkissen, schwarz
- Einbrennpulver, klar
- Doppelkarte
- Naturpapier
- schmales Goldband

Karte mit Harfen-Engel
- dünnes Papier, kupferfarben
- Zierherz

Bunte Karte mit Harfen-Engel
- Pigmentkissen, gold
- Papier in Grün, Rot und Gold
- schmales Band, schwarz

Tischkarte mit Engel
- Engel-Stempel
- Pigmentkissen
- Einbrennpulver, gold
- Papier in Weiß, Gold und Blau
- Naturpapier
- Golddraht
- Zierherz

Es weihnachtet sehr!

In der schönsten Zeit des Jahres sollten Sie an Freunde in nah und fern denken.
Überraschen Sie sie doch mit diesen handgestempelten Weihnachtsboten!

DAS BRAUCHEN SIE:

Karte mit Haus und Karte mit Krippe

- Stempel „Frohe Weihnachten“
- Pigmentkissen
- Naturpapier
- Doppelkarte

Karte mit Haus

- Stempel „Haus“
- Einbrennstift
- Einbrennpulver, kupfer
- Filzstift
- Plusterfarbe, weiß

Karte mit Krippe

- Stempel „Krippe“
- Einbrennpulver, erdfarben
- Bastreste

Karte mit Bäumen

- Stempel mit Bäumen
- Pigmentkissen und Einbrennpulver, weiß
- Einbrennstift
- Rollerstempel „Schneeflocken“
- Naturpapier
- Papier, rostfarben
- Doppelkarte
- Schwämmchen
- Schere „Burgzinnen“

Anleitung

Karte mit Haus

- Drei Seiten der Doppelkarte mit dem Einbrennstift umfahren und einbrennen (siehe Technikteil Seiten 18/19).
- Das Motiv „Haus“ auf Naturpapier stempeln, ebenfalls einbrennen und colorieren, danach ausschneiden und auf die linke obere Ecke der Doppelkarte kleben.
- „Frohe Weihnachten“ direkt auf die Karte stempeln und einbrennen.
- Mit der Plusterfarbe Punkte als „Schneeflocken“ setzen und das Dach des Hauses und die Bäume ausmalen und erhitzen (siehe Technikteil Seite 20).

Karte mit Krippe

- Das Krippenmotiv direkt rechts unten auf die Doppelkarte stempeln und einbrennen.
- „Frohe Weihnachten“ auf Restpapier stempeln, ebenfalls einbrennen und rundherum ausschneiden.
- Bastreste oben auf die Doppelkarte und darüber das Kärtchen mit der Aufschrift „Frohe Weihnachten“ kleben.

Karte mit Bäumen

- Stempelrolle im Pigmentkissen einfärben. Doppelkarte flach auslegen und darüber rollen (siehe Technikteil Seite 9). Bäume auf rostbraunes Papier stempeln und einbrennen.
- Das Papier rundherum mit der Burgzinnen-Schere ausschneiden. Diesen Zierrand mit Einbrennstift nachfahren und ebenfalls einbrennen.
- Rostfarbenes Papier auf das Naturpapier und beides dann auf die vorbereitete Doppelkarte kleben.

Frohe Weihnachten
Frohe Weihnachten

Frohes
Fest

Fröhliche Weihnachtszeit

Bunt soll es auch in der schönsten Zeit des Jahres sein. Stempeln an einem trüben Wintertag – und schon verfliegen triste Gedanken!

Anleitung

Karte „Frohes Fest“

- „Frohes Fest“ oben auf die Doppelkarte stempeln und in Klar einbrennen (siehe Technikteil Seiten 18/19).
- Aus Tonpapier mit der Zierschere einen breiten grünen und schmaleren roten Streifen schneiden und den roten einmal lochen.
- Beides übereinander auf die Naturkarte kleben, weitere Bäume aus grünem Papier lochen und ebenfalls aufkleben – zum Teil mit wattierten Pads, zum Teil direkt auf die Karte.

Nußknackerkarte

- Nußknacker sechsmal auf Naturpapier stempeln, einbrennen, colorieren und exakt ausschneiden.
- Einen fertigen Streifen Wellpappe verwenden oder selbst herstellen (siehe Technikteil Seite 13) und in „Topf“-Form zuschneiden.
- Die Goldkordel um den „Topfrand“ legen und alles auf der Doppelkarte arrangieren – dabei die Motive zunächst nur unten festkleben.
- Oben drei der Nußknacker hineinschieben und einzelne Teile über den Topfrand schauen lassen. Den vierten und fünften Nußknacker aus dem Topf herausfallen lassen. Den letzten Nußknacker aufrecht neben den Topf kleben.

Karte mit Weihnachtsbaum

- Den Weihnachtsbaum auf das Naturpapier abstempeln, einbrennen und colorieren.
- Die Kanten rundherum mit der Zierschere schneiden und die Zacken abwechselnd in zwei verschiedenen Farben nachmalen.
- Das Naturpapier schräg auf die Doppelkarte kleben, mit Klebestift Phantasielinien aufbringen und mit Glitzer verzieren (siehe Technikteil Seiten 20/21).

DAS BRAUCHEN SIE:

Karte „Frohes Fest“
- Stempel „Frohes Fest“
- Jumbolocher „Baum“
- Pigmentkissen, rot
- Einbrennpulver, klar
- Tonpapier, grün, rot
- Doppelkarte
- Schere „Viktorianisch“
- wattierte Klebepads

Nußknackerkarte und Karte mit Weihnachtsbaum
- Pigmentkissen, schwarz
- Filzstifte

Nußknackerkarte
- Stempel „Nußknacker“
- Einbrennpulver, klar
- Wellpappe
- dünne Goldkordel
- wattierte Klebepads
- Doppelkarte

Karte mit Weihnachtsbaum
- Stempel „Weihnachtsbaum“
- Einbrennpulver, kupfer
- Schere „Zackenblitze“
- Klebestift
- Gitzerpulver
- Naturpapier, weiß
- Doppelkarte

Anna

Geschenke
und Wohndekor

Allerlei für den Schreibtisch

Auch Nützliches wie hier eine Schreibtischunterlage, Briefpapier oder Briefmappe läßt sich mit Stempeln aufpeppen und ganz nach persönlichem Geschmack gestalten.

Anleitung

Schreibtischunterlage

- Den weißen Tonkarton in gewünschter Größe zuschneiden und auf der linken Seiten ca. 15 cm umknicken.
- Den Stempel „Menschen“ mehrmals auf diesen Streifen drucken (jeweils über die Ränder hinaus), das Frauengesicht dazwischen. Damit die Motive nicht verschmieren, am besten immer drei bis vier Stück abstempeln und einbrennen (siehe Technikteil Seiten 18/19), dann weiter stempeln und wieder einbrennen.
- Zum Schluß alles colorieren.
- Den Hintergrund mit blauer Farbe betupfen.
- Goldenen Karton zuschneiden (15 cm kürzer als weißen Karton), einlegen und festkleben.

Mappe

- Einen langen, weißen Papierstreifen schneiden, mit Regenbogenkissen bunt bestempeln und auf die blaue Mappe kleben.
- Weitere Gesichter auf weißes Papier stempeln, ausschneiden und einzeln aufkleben – zum Teil mit Hilfe von wattierten Klebepads etwas erhöht.
- Zwei Motive mit dem Pigmentkissen auf die Mappe stempeln und einbrennen.

Briefpapier

- Das Motiv zweimal auf dunkelblaues Papier stempeln und einbrennen. Mit der Zierschere als Vierecke ausschneiden.
- Hellblauen Briefbogen rundherum ebenfalls mit der Zierschere umranden, in der linken unteren Ecke mit normaler Schere ein Dreieck einschneiden.
- Rand komplett mit Einbrennstift nachfahren, oben links Phantasielinien zeichnen und alles einbrennen. Auf den dunkelblauen Bogen aufkleben.
- Über die eingebrannten Phantasielinien eines der dunkelblauen Vierecke mit dem Mond-Motiv kleben.
- Schwämmchen im Goldkissen einfärben und rundherum Glanzpunkte auftupfen.
- Beim Umschlag linke untere Kante mit Einbrennstift nachfahren und einbrennen.
- Das zweite dunkelblaue Viereck zweimal mit der Zierschere durchschneiden und wie ein zusammengesetztes Puzzle auf den Umschlag kleben.

DAS BRAUCHEN SIE:

Schreibtischunterlage

- verschiedene Stempel mit abstrakten Motiven
- Pigmentkissen, schwarz
- Tuschekissen, blau
- Einbrennpulver, klar
- Filzstifte
- Schwämmchen
- Tonkarton, weiß und gold

Mappe

- Stempel mit abstraktem Gesicht
- Tusche-Regenbogenkissen
- Pigmentkissen
- Einbrennpulver, weiß
- weißes Papier
- wattierte Klebepads

Briefpapier

- Sonne/Mond-Stempel
- Pigmentkissen, gold
- Einbrennstift
- Einbrennpulver, gold
- Zierrandschere „Zackenblitze“
- Papierbögen, hell- und dunkelblau
- Briefumschlag, hellblau
- Reste von dunkelblauem Papier
- Schwämmchen

Bärenschachtel

Platz für bärenstarke und andere Kleinigkeiten bietet diese antik wirkende Schachtel für alle Fans von Meister Petz. Ein Geschenk, das als Verpackung für weitere Überraschungen oder einfach solo sicher gut ankommt!

DAS BRAUCHEN SIE:

- runde Spanschachtel
- Stempel „Bären vor Küchenschrank“
- kleinen Bärenstempel
- Stempel „Bärentatze“
- Pigmentkissen in Schwarz, Dunkelbraun und Dunkelblau
- Einbrennpulver, klar
- Filzstifte
- Heißluftpistole
- Papiertuch

Anleitung

- Den großen Stempel mit dem Gummi nach oben auf einen Tisch legen und schwarz einfärben.
- Den Deckel der Schachtel auf den Stempel drücken, dabei von der Innenseite Druck ausüben, damit sich der Deckel nicht wölbt.
- Danach das Bärenmotiv mit der Heißluftpistole einbrennen und colorieren (siehe Technikteil Seiten 14/15 und 18/19).
- Den kleinen Bären rundherum in Schwarz auf den Schachtelrand stempeln, dabei zwischen den Abdrucken Platz lassen für die Bärentatzen.
- Die Bären einbrennen und braun anmalen.
- Bärentatzen nun dunkelbraun in die Zwischenräume stempeln und ebenfalls einbrennen.
- Papiertuch zusammenknüllen, im blauen Kissen einfärben und damit Deckel und Deckelrand betupfen.

Tip:
Zuviel Stempelfarbe auf dem Papiertuch kann leicht durch Abtupfen auf einem Schmierpapier entfernt werden.

Schmuckstücke

Gestempeltes erweist sich hier als wahre Zierde für Teenager und andere Schmuckfans.

Anleitung

Haarspange

- Grünes Moosgummi als asymmetrisches Viereck ausschneiden und auf der Rückseite die Haarklammer befestigen.
- Das Motiv stempeln, einbrennen (siehe Technikteil Seiten 18/19) und ausschneiden.
- Beim Colorieren des Motivs dann darauf achten, daß sich die Moosgummifarbe im Bild wiederfindet.
- Das Motiv so aufkleben, daß es schräg über den Rand des Moosgummivierecks hinaussteht.
- Das Band zur Schleife legen und links neben dem Stempelmotiv auf das Moosgummi kleben.

Papageien- und Katzen-Ohrringe

- Motive zweimal in Schwarz stempeln und einbrennen. Dann colorieren und exakt ausschneiden.
- Bei den Papageien im Kopfbereich mit der Nadel feine Löcher stechen und die Hängeöse durchstecken.
- Auf der Rückseite des Katzengesichts Ohrringknipser aufkleben.

Sonnen-Ohrringe

- Sonne viermal in Rot stempeln, einbrennen und exakt ausschneiden.
- Deckungsgleich aufeinanderkleben, im oberen Bereich Löcher stechen und Hängeöse durchstecken.

Tip:
Gleichseitige Motive eignen sich für Ohrschmuck besonders gut, da man diese deckungsgleich aufeinander befestigen und damit von allen Seiten anschauen kann.

Muschel-Brosche mit Ohrringen

- Die große Muschel auf Naturpapier stempeln, einbrennen und exakt ausschneiden.
- Mit pastellfarbenen Filzstiften über die ganze Länge der Muschel zarte Striche ziehen. Broschennadel auf der Rückseite befestigen.
- Bei den Ohrringen ebenso verfahren, im oberen Teil Löcher stechen und Hängeösen durchziehen.

Button

- Button öffnen. Papier herausnehmen, mit Halbmond bestempeln, einbrennen und colorieren.
- Schwämmchen einfärben und Hintergrund betupfen. Mit Glitzer verzieren (siehe Technikteil Seiten 20/21) und Buttondeckel schließen.

DAS BRAUCHEN SIE:

Haarspange und Ohrringe
- Pigmentkissen, schwarz
- Einbrennpulver, klar
- Filzstifte
- Naturpapier-Reste

Haarspange
- Stempel „Gesicht"
- Moosgummi, grün
- Schleifenband, ocker und passende Feder
- Haarklammer

Ohrringe
- Stempel mit Sonnen-, Papageien- und Katzengesicht-Motiven
- Pigmentkissen, rot
- Ohrringhängeösen und -knipser
- Nadel

Muschel-Brosche mit Ohrringen
- 2 verschiedene Muschel-Stempel
- Pigmentkissen
- Einbrennpulver, erdfarben
- Filzstifte, pastellfarben
- Naturpapier-Rest
- Broschennadel und Ohrringösen

Button
- Stempel „Halbmond"
- Pigmentkissen, blau
- Einbrennpulver, silber
- Filzstifte
- Klebestift
- Glitzerpulver
- Schwämmchen
- Blanko-Button

Textiles

Von Kopf bis Fuß auf Stempeln eingestellt?

Hier können Sie sich Ihre eigene Kollektion zusammenstellen – auf Baumwolle, Leinen oder Seide.

DAS BRAUCHEN SIE:

Schirm
- Sonnen-Stempel
- Sternen-Stempel, groß und klein
- Stoff-Stempelkissen in Rot, Orange und Blau
- fertige Wolken-Schablone oder dünnes Papier
- Schwämmchen

T-Shirt
- Stern-Stempel
- Mond-Stempel
- Stoff-Stempelkissen in Gelb, Orange, Rot, Hell- und Dunkelblau
- Stoffstempel-Spezialreiniger

Schuhe
- Sonnen-Stempel
- Stern-Stempel
- Stoff-Stempelfarbe in Orange, Rot und Blau
- Glitzerfarbenklebstoff, blau

Anleitung

Schirm
- Schirm aufspannen. Sonnenstempel mit dem Gummi nach oben auf den Tisch legen und ganz mit orangefarbenem Kissen betupfen.
- Einzelne Partien des Gummis – vor allem die Sonnenstrahlen – rot einfärben, indem das rote Kissen über das Gummi gezogen wird.
- Ab jetzt zu zweit arbeiten: ein Stück Holz oder ähnlich hartes Material von innen gegen den Stoff drücken und die Sonne von außen vorsichtig aufstempeln.
- Vorgang siebenmal wiederholen.
- Ebenso mit dem großen Stern verfahren. Den kleinen Stern in Orange über den ganzen Schirm verteilt stempeln.
- Schablone in Wolkenform aus Papier schneiden oder eine fertige Schablone verwenden. Diese auf den Schirm legen, mit Blau betupfen und so Stück für Stück den ganzen Stoff einfärben (siehe Technikteil Seiten 22/23).
- Schirm von innen bügeln, um die Farben zu fixieren.

T-Shirt
- Sternenstempel einfärben und bunt aufs T-Shirt stempeln.
- Bei jedem Farbwechsel den Stempel mit einem Stoffstempel-Spezialreiniger säubern.
- Zwischen die Sterne den Mond in verschiedenen Farben stempeln.
- Sind Abdrucke nicht gelungen, das T-Shirt sofort mit Seife waschen.
- Die Fixierung der Farben erfolgt durch Bügeln von links.

Schuhe
- Das Sonnen-Stempelgummi mit den Stoffstempelfläschchen in Orange und Rot einfärben. Stoff flachdrücken und in die Mitte des Schuhs die Sonne plazieren.
- Sterne blau einfärben und rundherum stempeln.
- Entlang der Schuhkante einen Rand mit Glitzerfarbenklebstoff ziehen (siehe Technikteil Seite 21) und gut trocknen lassen.

Tip:
Stoff-Stempel sollten möglichst plakativ und nicht allzu filigran sein. Diese können Sie auch prima aus Radier- oder Moosgummi selber machen (siehe Technikteil Seite 9).

HAPPY BIRTHDAY

Hübsch verpackt

Fröhlich bunt und ganz individuell kommen diese Geschenke im selbstgemachten Geschenkpapier daher. Sie sind fast schon zu schade zum Aufpacken!

Anleitung

Engels-Päckchen

- Über den ganzen Bogen Papier das Engelmotiv bunt stempeln und rundherum mit Schwämmchen betupfen (siehe Technikteil Seiten 22/23).
- Für die Geschenkschleife roséfarbenes Papierband ebenfalls mit dem Engelmotiv bestempeln, zur Schleife legen und mit Kringelband zusammenbinden.

„Happy Birthday"-Päckchen

- „Happy Birthday" zweimal auf weißem Papier abrollen, colorieren und ausschneiden.
- Einen Bogen weißes Papier mit Schwämmchen kantig betupfen (siehe Technikteil Seiten 22/23).
- Das Geschenk einpacken und einen der „Happy Birthday"-Streifen an die vordere Päckchenseite kleben.
- Den anderen Streifen oben aufbringen und dessen Rand mit Filzstift nachmalen.

Geschenktüte

- Tüte mit Japanpapier bekleben, Motiv zweimal auf Tonpapier stempeln, einbrennen und colorieren (siehe Technikteil Seiten 14/15 und 18/19).
- Den ersten Abdruck ausschneiden und auf die Tüte kleben.
- Beim zweiten Abdruck nur das Innere – die Schildkröte – herausschneiden, diese mit der Zierschere in zwei Hälften teilen und ebenfalls aufkleben.

DAS BRAUCHEN SIE:

Engels-Päckchen

- Stempel „Engel"
- Tusche-Regenbogenkissen, in Rot/Gelb und Grün/Blau
- Schwämmchen
- Papierband, rosé
- Kringelband
- Papier, weiß

„Happy Birthday"-Päckchen

- Rollerstempel „Happy Birthday"
- Einbauhandgriff
- Einbau-Patrone, schwarz
- Tusche-Regenbogenkissen, lila und blau
- Holzbuntstifte
- Filzstifte, blau
- Schwämmchen
- Papier, weiß

Geschenktüte

- neutrale Einkaufstüte aus Papier
- quadratischen Schildkröten-Stempel mit umlaufenden Rahmen
- Pigmentkissen
- Einbrennpulver, erdfarben
- Filzstifte
- Japanpapier, blau und rosé
- Tonpapierreste, weiß
- Zierschere „Zackenblitze"

Maritime Überraschungen

Das Meer läßt grüßen! Für alle Urlauber oder Daheimgebliebenen! Hinter den vielversprechenden Verpackungen verbergen sich vielleicht Mitbringsel vom letzten Sommerurlaub.

Anleitung

Braunes Päckchen

- Das Packpapier auf fester, ebener Unterlage auslegen, Fische und Luftblasen in Schwarz abstempeln und colorieren.
- Das Schwämmchen in den blauen Teil des Regenbogenkissens tauchen und das Papier betupfen (siehe Technikteil Seiten 22/23). Geschenk einpacken.
- Für die Deko-Schleifen zwei lange Papierstreifen mit Fischen in Regenbogen-Farben bestempeln, zu Schlingen legen und mit Heftklammern zusammenknipsen.
- Damit diese Klammern nicht sichtbar bleiben, einen schmalen Streifen mit dem Fisch bestempeln, quer durch die Schlinge ziehen und alles schräg aufs Paket kleben.

Muschel-Päckchen

- Das weiße Japanpapier auf fester, ebener Unterlage auslegen, die Muscheln darauf stempeln, einbrennen und mit dem Pigmentstempelkissen aquarellartig bemalen (siehe Technikteil Seiten 14/15).
- In der Mitte des Papiers können die Muscheln beliebig plaziert werden. Am Rand eine Borte mit dem mittelgroßen Motiv stempeln.
- Das Japanpapier mit einem Blumensprüher komplett befeuchten.
- Den Pinsel mit blauer Pigmentfarbe tränken und über das feuchte Japanpapier „ziehen". Die Farbe verläuft bis hin zu den Muschelkonturen und ergibt den faszinierenden „Unterwasser-Effekt".
- Einen Streifen des Japanpapiers mit eingebranntem, mittelgroßem Muschelmotiv zur Doppelschleife legen, mit Kringelband zusammenfassen und aufkleben. Zum Schluß die lilafarbene Feder einstecken – fertig!

Blaues Päckchen

- Geschenk in blaue Lackfolie einpacken. Grünes Papier mehrfach in einer Reihe lochen, diesen Streifen ausschneiden und schräg aufkleben.
- Die herausgefallenen Fische einzeln auf dem Paket befestigen – manche direkt, manche erhöht durch wattierte Klebepads.
- Einige blaue Fische auslochen und diese auf einen grünen Papierstreifen kleben. Diesen zur Schleife legen, mit Kringelband zusammenfassen und aufs Paket kleben.

Tip:
Abgerundet werden alle Geschenke noch durch passende Anhänger, die in der gleichen Technik hergestellt werden.

DAS BRAUCHEN SIE:

Braunes Päckchen
- 2 Fische-Stempel
- Stempel „Luftblasen"
- Tusche-Stempelkissen, schwarz
- Tusche-Regenbogenkissen, blau/grün und pink
- Filzstifte
- Schwämmchen
- Packpapier

Muschel-Päckchen
- 3 verschiedene Muschel-Stempel
- Regenbogen-Pigmentkissen
- Einbrennpulver, gold
- Pinsel
- Japanpapier, weiß
- Feder, lila
- Kringelband, blau

Blaues Päckchen
- Wunderlocher „Fisch"
- Lackfolie, blau
- Restpapier, grün und blau
- wattierte Klebepads
- Kringelband, blau

Nostalgisch und edel

Schauen Sie sich zu Hause um – jeder Raum läßt sich mit Stempeln ganz individuell gestalten. Ob Tapete, Fliesen oder sogar Geschirr, ob edel, nostalgisch oder flippig – lassen Sie Ihrer Kreativität freien Lauf!

Anleitung

Vorbereitung

Je ein Blanko-Stempelkissen mit einer Wohndekor-Farbe tränken und einige Minuten einwirken lassen.

Tapete

- Motive in verschiedenen Wohndekor-Farben einfach durcheinander aufstempeln – oder erst einzelne Reihen mit Putten und Sonnen stempeln und anschließend die Monde dazwischensetzen.

Fries

- Holzlatte oder ähnliches vorbereiten (siehe Technikteil Seite 14).
- Ab jetzt am besten zu zweit arbeiten: einer legt die Latte an die Wand, der andere stempelt das Lilienmotiv in Meeresblau ab.

Fliesen

- Grundsätzlich großflächige Stempel wählen – vereinzelt aufgedruckt ergeben sie wunderschöne Schmuckfliesen, ohne daß das Bad überladen wirkt.

Blaue Schale

- Für kleineres Geschirr eignen sich besonders kleine Stempel ohne Holzgriff; diese passen sich besser den Formen an. Motive durcheinander oder in Reihen aufstempeln.
- Der Sprenkelrand am Aufsteller der Schale rundet das Gesamtbild ab. Hierzu das Papier zusammenknüllen und die Wohndekor-Farbe damit auftupfen.

Tips:

- Bei saugfähigem Untergrund trocknet die Farbe sofort – also den Stempel einmal kräftig abdrücken und schnell wieder abheben.
- Auf allen glatten Oberflächen trocknet die Farbe langsamer, deshalb läßt sie sich nach dem Abstempeln gleich wieder mit einem feuchten Tuch abwischen. Falls der Stempel nicht richtig sitzt, können Sie also korrigieren.
- Glas ohne Struktur kann übrigens auch von außen bestempelt werden – der Stempelabdruck scheint dann durch.

DAS BRAUCHEN SIE:

Tapete

- Stempel „Putten", „Sonne" und „Mond"
- Blanko-Stempelkissen
- Wohndekor-Farbe, kupfer und meeresblau

Fries

- Fleur-de-Lis-Stempel
- Blanko-Stempelkissen
- Wohndekor-Farbe, meeresblau
- Holzlatte oder ähnliches

Fliesen

- Putten-Stempel
- Blanko-Stempelkissen
- Wohndekor-Farbe, blau und flieder

Blaue Schale

- Verschiedene Strukturstempel
- Blanko-Stempelkissen
- Wohndekor-Farbe, gold
- ein Stück weiches Papier

SUNFLOWER
Compositae
PANSY
Violaceae
HYDRANGEA
Hydrangeaceae

Blumen mit Sti(e)l

Blumen einmal ganz anders –

sie verwelken mit Sicherheit nicht und Jahreszeiten

spielen auch keine Rolle!

Anleitung

Blumenkasten

- Die Oberfläche des Holzes muß eben und glatt sein. Den Blumenkasten auf den Tisch legen.
- Gummi des Efeustempels mit grünem Spezialstift einfärben und mehrfach aufstempeln – dabei rechts und links nicht bündig abschließend, sondern das Efeu sozusagen über die Kante „hinauswachsen“ lassen. Die Efeuranken dabei möglichst dicht aneinandersetzen und eventuelle Zwischenräume mit dem Pinsel nachmalen.

DAS BRAUCHEN SIE:

- Blumenkasten
- großen Efeustempel
- verschiedene große Blumen-Stempel
- Spezial-Filzstifte
- Pigmentkissen
- Einbrennpulver, gold
- Filzstifte
- Tonpapier, weiß
- Holzstäbchen

Blumen

- Blumenmotive mit dem Pigmentkissen auf Tonpapier stempeln, einbrennen und mit Filzstiften plakativ oder aquarellartig colorieren (siehe Technikteil Seiten 14/15 und 18/19). Anschließend rundherum ausschneiden.
- Holzstäbchen (Eis-Stiele eignen sich hierfür hervorragend!) von hinten an die Blumen kleben.

Menu
Hendrik
Menu
Menu
Menu

Festtafel

Ob für zwei oder ganz viele Gäste – bei besonderen Anlässen wie Hochzeit oder runder Geburtstag entzückt gestempelte Perfektion bis ins letzte Detail.

Anleitung

Tischdecke und Servietten

- Die Stoffe vorher waschen und bügeln. Anschließend flach auf einen großen Tisch legen und die Rosen und Blätter aufstempeln.
- Zum Fixieren die Motive von der Rückseite bügeln – erst dann sind sie haltbar.

Menükarte

- Die Doppelkarte mit dem Rosenmotiv bestempeln und anschließend in Rot einbrennen (siehe Technikteil Seiten 18/19).
- Danach die Blätter zum Teil ganzflächig, zum Teil über die Kante hinaus abstempeln und in Grün einbrennen.
- Zum Schluß „Menu" mittig über die Rose stempeln, in Gold einbrennen und Ecken der Karte abrunden.

Tischkärtchen

- Weiße Kartenreste asymmetrisch zuschneiden, komplett mit Einbrennstift umfahren und in Gold einbrennen.
- Die Namen der Gäste ebenfalls mit Einbrennstift in die Mitte schreiben und mit rotem Pulver einbrennen.

Tischband

- Blätter- und Rosenmotive aufstempeln und in Gold einbrennen.

DAS BRAUCHEN SIE:

Tischdecke und Servietten

- 2 unterschiedlich große Rosen-Stempel
- 2 verschiedene Rosenblätter-Stempel
- Stoff-Stempelkissen, grün und rot

Menükarte, Tischkärtchen und Tischband

- Rosenblatt-Stempel
- Rosenstempel
- Stempel „Menu"
- Pigmentstempelkissen
- Einbrennstift
- Einbrennpulver, grün, rot und gold
- Doppelkarte
- weiße Kartenreste
- Papierband, grün
- Eckenabrunder

Für Naschkatzen

Nichts ist mehr sicher vor den Motivstempeln! Inmitten dieser Küchenutensilien schmeckt doch alles gleich viel besser!

Anleitung

Vorbereitung

- Wohndekor-Farben in die Blanko-Stempelkissen füllen und einige Minuten ruhen lassen.

Cookieteller und Bonbonniere

- Die Stempelmotive in verschiedenen Wohndekor-Farben verteilt auf Teller und Bonbonniere abstempeln.
- Vor allem bei der Bonbonniere ist es von Vorteil, Stempel ohne Holzgriff zu verwenden, da sie sich der Form des Glases besser anpassen.

Butterdose

- Die große Kuh genau in die Mitte des Deckels stempeln. Auf eine ruhige Hand achten, denn sonst „rutscht die Kuh ab".
- Rundherum die kleine Kuh als Borte aufstempeln.

DAS BRAUCHEN SIE:

Cookieteller

- 3 verschiedene Lebkuchen-Stempel
- 3 Blanko-Stempelkissen
- Wohndekor-Farbe, braun, kupfer und ocker

Bonbonniere

- 2 verschiedene Katzen-Stempel
- Pfötchen-Stempel
- 3 Blanko-Stempelkissen
- Wohndekor-Farbe, braun, ocker und schwarz

Butterdose

- Kuh-Stempel, klein und groß
- Blanko-Stempelkissen
- Wohndekor-Farbe, schwarz

Kinder, Kinder

Egal, ob Sie Ihre Kleinen überraschen wollen oder sie sogar kräftig mitstempeln – Spaß haben werden sie bei der bunten Geburtstagsdekoration ganz bestimmt!

DAS BRAUCHEN SIE:

Hütchen
- Stempel „Pandabär"
- Luftballon-Stempel
- Kinder-Stempelkissen, schwarz
- Filzstifte

Servietten
- Rollerstempel „Bärenmotiv"
- Einbauhandgriff
- zweifarbige Patrone

Teller
- Bärenstempel
- Kinder-Stempelkissen, braun und regenbogenfarben
- weiches Papier

Becher
- Bärenstempel
- Kinder-Stempelkissen, pinkfarben und türkis

Tütchen
- 2 Bärenstempel
- Kinder-Stempelkissen, schwarz
- Filzstifte
- Wunderlocher „Stern"
- bunte Kordel
- weißes Papier

Anleitung

Hütchen
- Hütchen flach auslegen und Bärenmotiv dreimal abstempeln.
- Die Ballons dazwischensetzen, Luftballon-Schnüre einzeichnen und alles bunt colorieren.
- Rand der Hütchen ebenfalls mit Farbe nachfahren. Hütchen zusammenbinden.

Servietten
- Ein Stück Schmierpapier flach auslegen. Schon auf dem Schmierpapier zu rollen beginnen, damit die Bären ohne Ansatz auf die Serviette purzeln. Dann die Kanten der Serviette abrollen.

Teller
- Die Bären in verschiedenen Farben stempeln. Papier zusammenknüllen, im Regenbogenkissen einfärben und Rand des Tellers rundherum betupfen.

Becher
- Bärenmotiv verschiedenfarbig abstempeln – dabei mit der Hand leicht von innen gegendrücken.

Tütchen
- Weißes Papier flach auslegen, mit Bären bestempeln und colorieren.
- Papier zu Tütchen falten und oben zweimal lochen. Kordeln als „Tragegriff" durchziehen.

Kartoffeln
Sahne
10 Eier
Weckmehl
Butter
Gemüse-Stroganoff
1/2 TL Dill
1 große Gewürzgurke
Kräutertomaten
4 schöne große Tomaten
Salz, Pfeffer
Olivenöl
1 EL Petersilie gehackt
Rezepte

In der Küche

Wenn lustige Stempelmotive in der Küche Einzug halten, bleiben Ihre Lieblingsrezepte nicht länger ein Geheimtip. Eine tolle Geschenkidee zur Hochzeit!

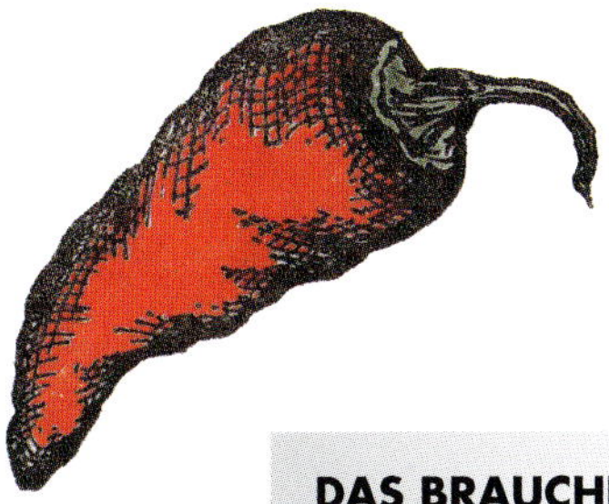

DAS BRAUCHEN SIE:

Tischdecke
- verschiedene Früchtestempel
- bunte Stoffstempelfarben

Küchenblock
- verschiedene Stempel mit Gemüsemotiven
- Pigmentkissen
- Einbrennpulver, kupfer
- Tonkarton in Rot und Blau
- Tonpapier in Grün, Rot und Blau
- Papierrolle
- Kordel

Rezeptbuch
- Stempel „Tanzendes Gemüse“
- verschiedene Mini-Gemüsestempel
- Tuschekissen, schwarz
- Holzbuntstifte
- Filzstift, rot
- Naturpapier-Karten
- rotes Papier
- Kordel oder Band in Rot
- evtl. Wellpapier-Macher

Anleitung

Tischdecke
- Stoff waschen, bügeln und flach auslegen. Stempel mit den Farbfläschchen betupfen.
- Die Farbe läßt sich auf dem Stempelgummi so genau auftragen, daß die Früchte sogar „naturgetreu“ zweifarbig abgedruckt werden können. Über den ganzen Stoff verteilt entsteht so eine bunte Obstwiese, die richtig Appetit macht!

Küchenblock
- Ein rotes Rechteck und ein kleineres blaues aus Tonkarton schneiden.
- Aus grünem Tonpapier zwei kurze und einen langen schmalen Papierstreifen schneiden.
- Die beiden kurzen Papierstreifen um einen Bleistift rollen, zusammenkleben und an der Nahtstelle gut auf den roten Tonkarton aufkleben.
- Den langen Papierstreifen über die ganze Breite aufbringen.
- Früchte und Gemüse ebenfalls auf buntes Tonpapier stempeln, einbrennen (siehe Technikteil Seiten 18/19), exakt ausschneiden und verteilt über den ganzen Küchenblock aufkleben.
- Kordel durch die Papierrolle ziehen und auf der Rückseite des Blocks mit Klebestreifen befestigen.

Rezeptbuch
- Fürs Titelbild das Motiv „Tanzendes Gemüse“ und Mini-Gemüse auf eine Naturkarte stempeln und bunt colorieren. In die Mitte in Rot „Rezepte“ schreiben.
- Nun die einzelnen Rezeptkarten schreiben, drumherum jeweils mit passenden Motiven bestempeln und dann colorieren (siehe Technikteil Seiten 14/15).
- Entweder fertige Wellpappe verwenden oder mit dem Wellpapier-Macher selbst einen Streifen aus rotem Papier herstellen (siehe Technikteil Seite 13) und lochen.
- Alle Karten lochen, mit Kordel zusammenfassen. Zum Abschluß oben den Wellpappe-Streifen auflegen und zusammenbinden.

Tip:
Man kann sich auch leicht „Kühlschrank-Magnete“ basteln: Verschiedene Küchenmotive auf Tonpapier stempeln, ausschneiden und auf die Rückseite Magnetstreifen kleben.

Bezugsquelle für Stempel und Accessoires: Stempelträume, MM Siniaro Metz & Läpple GmbH, Röntgenstr. 5–7, 73730 Esslingen, Tel. 0711/939227-0 oder Fax 939227-27. Sie erhalten unter dem Kennwort „Buch“ Antworten zu etwaigen Fragen und können sich dort auch direkt an die Autorinnen wenden. Außerdem erhalten Sie Bezugsquellen-Nachweise der Fachhändler in Ihrer Nähe.

Ein herzliches Dankeschön möchten wir Marianne und Hans Metz für ihre tatkräftige Unterstützung aussprechen, Tanja Schweizer für viele Ideen und großartige Projekte in diesem Buch und Katharina Schweizer für ihre kreative Gestaltung.

Ein „Special Thank You“ geht an die Firma PERSONAL STAMP EXCHANGE, Santa Rosa, USA, ohne deren Hilfe dieses Buch nicht zustandegekommen wäre.

Motive der folgenden Objekte:
S. 14: Bild 1; S. 20: Bild 22+25; S. 27: „Viel Glück“-Karte; S. 28: Karte mit Tauben + Karte „Wir heiraten“; S. 30: Karte „Sophie“; S. 33: Lilienkarte; S. 35: Karte mit Herz: Herz; S. 36 und 40: alle Karten; S. 42: Karte „Gute Besserung“: S. 44/45: alle Karten; S. 47: Engel; S. 49: Karte mit Haus + Karte mit Krippe; S. 50: Nußknackerkarte; S. 56/57: Bärenschachtel; S. 58: Muschelbrosche mit Ohrringen; S. 61: Schirm + Schuhe; S. 64: Muschelpäckchen + Anhänger; S. 62: Geschenktüte; S. 66: Tapete; S. 68/69: Blumen; S. 72/73: Cookieteller + Bonbonniere; S. 74/75: Teller; S. 76: Rezeptkarten + Küchenblock.

Ein besonderes Dankeschön gebührt auch den Firmen ALL NIGHT MEDIA, Inc. San Rafael, USA und FIRST CLASS STAMPS Ltd., Norfolk, GB für die nachfolgenden Motive.

© 1997 All Night Media, Inc. & First Class Stamps Ltd.:
S. 17: Bild 12 + 14; S. 21: Frosch und Fische; S. 30: Karte „Florian“; S. 33: Schwanenkarte + Karte „Zur Taufe“; S. 35: Karte mit Herz: Einladung, Karte mit Fenster + Tulpenkarte; S. 39: Karte mit Blumenranke: Einladung; S. 49: Karte mit Bäumen; S. 50: Karte mit Weihnachtsbaum + Karte „Frohes Fest“; S. 54: Schreibtischunterlage + Briefmappe + Briefpapier; S. 58: Haarspange + Sonnen-, Papageien- und Katzen-Ohrringe + Button; S. 62: Happy Birthday-Päckchen; S. 64: Braunes Päckchen + Anhänger; S. 72/73: Butterdose, S. 74/75: Hütchen, Becher, Tütchen, Servietten, S. 76: Tischdecke, Rezeptbuch-Titelseite.

Weiterhin danken wir auch der Firma CLEARSNAP, Ins., Anacortes, USA, mit deren Produkten zahlreiche Objekte in diesem Buch entstanden sind.

Vielen Dank außerdem an die Firma TSUKINEKO Co. Ltd., Tokyo, Japan.

Der Firma CARL MFG., Tokyo, Japan danken wir dafür, daß sie uns ihre Wunder- und Jumbolocher zur Verfügung gestellt haben.

Dem © 1997 der Firma Stempelträume, MM Siniaro Metz & Läpple GmbH, Esslingen, unterliegen die Motive der folgenden Objekte:
S. 16: Bild 7+9; S. 28: Karte „Goldene Hochzeit“; S. 30: Karte „Moritz“; S. 42: Karte „Gute Besserung“: Bär, Einladungskarte: Bären; S. 46: Engel

Im FALKEN Verlag sind zahlreiche Titel in der Reihe „Ideen über Ideen" erschienen. Sie sind überall dort erhältlich, wo es Bücher gibt.

Das Nachbilden der Modelle ist ausschließlich zum privaten Gebrauch gestattet. Alle in diesem Buch veröffentlichten Modelle sind urheberrechtlich geschützt und dürfen nur mit ausdrücklicher Genehmigung des Verlags gewerblich genutzt oder ausgewertet werden.

Dieses Buch wurde auf chlorfrei gebleichtem und säurefreiem Papier gedruckt.

Die Deutsche Bibliothek – CIP-Einheitsaufnahme

Stempeln : Karten, Geschenke, Wohndekor /
Petra Läpple; Eva Metz. Fotos: Roland Krieg. –
Niedernhausen/Ts. : FALKEN, 1997
(Ideen über Ideen)
ISBN 3-8068-1823-1

ISBN 3 8068 1823 1

Umschlaggestaltung: Elisabeth Berthauer
Konzeption: Heike Schulz
Redaktion: Uta Koßmagk
Herstellung: Andreas Jacobsen, Anke Sprey
Titelbild und Fotos: Roland Krieg, Waldkirch

Satz: FALKEN Verlag, Niedernhausen/Ts.
Druck: Mairs Graphische Betriebe GmbH, Ostfildern (Kemnat)

817 2635 4453 6271